Altsein ist auch nur ein Teil vom Ganzen

Axel Bethke

Altsein ist auch nur ein Teil vom Ganzen

Eine Hundegeschichte, die Herzen und Augen öffnet

Inhalt

Für

Caro,

Josef und Hanko

Gedanken zum Anfang

Seit bald siebzig Jahren weiß ich, wie es ist, von Hunden gemocht zu werden. Es ist die zuverlässigste, haltbarste Zuwendung, die ein Mensch haben kann.

Nein, ich werte menschliche Beziehungen nicht ab. Aber die sind immer Schwankungen unterlegen. Hunde schwanken nicht. Oder nur so, dass Menschen das nicht merken. Sie kennen kein Wenn und Aber, kein hübsch und hässlich, kein klug und dumm, kein reich und arm.

Das Hündchen der Diva, das aus der goldenen Schüssel frisst, würde sich bei Penner Paul in der Abrisshütte genauso wohl fühlen. Vielleicht noch wohler, weil sich beide wärmen würden.

Darum geht's.

Auch Außenseiter
haben nicht nur
die Außenseite.

Der erste Eindruck …

… ist nur ein Bild, dazu Gefühlsdurcheinander. Erst die Perspektiven, die Sichtweisen und Auseinandersetzungen mit einem Thema machen das Bild interessant oder nicht.

Das Internet hatte mir folgende interessante Information aus Spanien gegeben: Grassy sei ein lieber, ruhiger und stubenreiner Opa. Er habe sein ganzes Leben (zwölfeinhalb Jahre) bei seinem Herrchen verbracht, der jetzt ins Altenheim ziehen muss. Grassy sei sehr friedlich, komme gut mit anderen Hunden aus. Auch lebte er einige Jahre mit einem zweiten Hund in der Familie.

Caro, meine junge Tierfreundin, bringt täglich, wenn sie arbeitet, ihren Hund Blacky zu mir. Sie ist Tierpflegerin in dem Tierheim, in dem in den nächsten Tagen Hunde aus Spanien erwartet wurden.

Ich fragte, ob Grassy mit kommen würde. »Nein«, sagte sie, »der hat doch kaum eine Vermittlungschance.«

»Doch, hat er«, sagte ich, »bestell den mal nach!«

Meine spätpubertäre Risikobereitschaft war wieder einmal mit mir durchgegangen. Natürlich kamen da Zweifel vom Kopf her. Aber der Bauch war eindeutig. Der kennt keine Argumente, der kennt nur mich.

Und da ist er! Es hat geklappt. Caro übergibt mir ein wirres Bündel Wolle. Das strahlt nicht viel Leben aus. Nun sind wir zu dritt: Kira, die Kampfhundmischlingsdame, der Neue und ich.

Grassy, der alte Spanier, ist löwenfarbig, sehr langhaarig, sehr dick, sehr alt. Er hat die Größe eines lang gezogenen Igels. Die Körperform ähnelt einem wurstförmigen Sofakissen, ohne Bommeln. Das Zuchtziel dieser Rasse – falls es eine ist – war wohl ein Mopp. Übers Ausstauben etwas zu sagen, wäre sicher albern.

Grassy

Caro meinte: »Der muss auf Diät, hat ein kleines Gewichtsproblem.«

»Klein« ist relativ: Ein zwei Zentner schwerer Mensch, der normalerweise vierundsiebzig Kilogramm wiegen dürfte, hat prozentual das gleiche Übergewicht wie Grassy, und der wiegt zur Zeit acht Kilo.

Nach unserer ersten Nacht teilte ich dem Kleinen das Diätvorhaben in aller Deutlichkeit mit. Der stand auf, wackelte zur Tür, ging in die Küche und pinkelte seine Einverständniserklärung an den Kühlschrank. Das machte mich zwar nicht glücklich, aber bewies, dass der Hund bereit war, sein Zuhause zu akzeptieren.

Bei meiner Beschreibung von Grassy fiel mir ein, wie ich Berta und Anne kennenlernte. Ich lebte jahrelang erst in einem kleinen litauischen Dorf, dann in dessen Nähe, tief im Wald. In der Abgeschiedenheit wuchs die Harmonie mit den Tieren und gleichermaßen in mir.

Wäre das Dunkle nicht vom Hellen umgeben, könntest du's gar nicht sehen.

Beobachtungen bringen Gedanken,
Gedanken schenken Bilder
und Bilder zeigen Ereignisse, die mal waren,
also Erinnerungen.

Berta

Unerwartet lag sie in der Scheune. Presste sich ins Heu. Zeigte die Zähne. Das stumpfe, graue Fell war oberhalb der Schwanzwurzel dunkel, fast schwarz und verkrustet. Das war angetrocknetes Blut, wie ich später feststellte. Ich ging langsam und ruhig redend auf sie zu. Ihre Nackenhaare sträubten sich, sie zog die Oberlippe noch höher, ließ leises, nachdrückliches Knurren vernehmen. Warum sie gerade in meiner Scheune lag, wer sie hier hineingeworfen oder gescheucht hatte, war mir egal. Sie lag hier und das war gut.

Ich ging zum Haus, holte Wasser und etwas Futter, stellte es in ihre Nähe. Als ich ein paar Stunden später nach ihr sah, waren die Schüsseln leer. Ich setzte mich auf einen Holzklotz und wusste nichts zu sagen. Wenn man immer alleine ist, verliert das Reden an Bedeutung. Also sang ich dem Hund etwas vor. Das sollte beruhigend wirken.

Berta, wie ich sie taufte, schien tolerant zu sein. Zumindest hatte sich ihre Angst durch meinen Gesang nicht vergrößert. Ich füllte nochmals ihre Schüsseln und ging ins Haus.

Sie wurde von niemandem vermisst, aber dass sie ein böser Hund sei, wussten alle. Jousas, mein Nachbar sagte: »Der Hund ist gefährlich, geh mit ihm zum Förster. Lass ihn erschießen.« Ich antwortete: »Ja, mein Geld ist bald zu Ende, dann muss ich vielleicht hier weg, hab kein Zuhause mehr. Gehst du dann mit mir zum Förster und lässt mich erschießen?« Er lachte mit einem Gesicht, als müsse er Magensäure runterschlucken. Abends schlief ich mit dem Gedanken ein: Hoffentlich ist Berta morgen noch da.

Sie war da und die nächsten zehn Jahre blieben wir unzertrennlich. Fuhren tausende Kilometer mit dem Auto. War ich irgendwo eingeladen und durfte Berta nicht mitbringen, fiel der Besuch aus. Sie war immer bei mir, hat mir in der Einsamkeit gezeigt, dass ich nicht allein bin. Was Beständigkeit, Treue und Zuverlässigkeit ohne Bedingungen ist, zeige sie täglich. Doch ob ihr Verhalten so ganz bedingungslos war? Wahrscheinlich erfüllte ich ihre Bedingungen genauso wie sie meine. Das bedurfte keiner Worte.

Ich hatte wenig Zukunftspläne, aber wenn einmal einer auftauchte, kam Berta immer darin vor. Drückte das Jetzt beängstigende Dunkelheit in Kopf und Bauch, konnte Berta Gefühle lesen. Sie schob ihren schlanken, grauen Kopf unter meine Hand, das half.

Ich glaube nicht, dass ich sie vermenschlicht habe, eher hat sie mich »verhundlicht«. Sie traf Entscheidungen, schlichtete Streit auf ihre Art, verhielt sich manchmal aggressiv, bedrohlich, und ich erkannte meist erst später die Sinnhaftigkeit. Besonders ablehnend verhielt sie sich gegenüber den Auswirkungen des Alkohols. Das kam mir als abstinent lebender Alkoholiker sehr entgegen. Denn was bindet stärker als ein gemeinsamer Feind? Selbst heute, nach so vielen Jahren, wenn ich intensiv an sie denke, zieht sich zuweilen Wasser in den Augenwinkeln zusammen.

Berta hatte fünf Tage nicht gefressen. Die vielen Spritzen der Tierärztin erschienen im Nachhinein nur die Rechtfertigung für das stolze Honorar zu sein. »Der Hund hat Gelbsucht«, sagte sie. Am letzten Nachmittag saß Berta, während ich die anderen Tiere versorgte, an den Zaun gelehnt und blickte zum Wald. Dann kam sie sehr langsam, fast schleppend mit ins Haus. Sie legte sich neben mich aufs Sofa. Meine Hand lag auf ihrem Kopf. Ich spürte die krankhafte Hitze an den Lefzen.

Es war dunkel geworden. Eine sternlose Nacht. Berta stand auf, trank, ging zur Tür. Sie sah mich an. Ihr Blick sagte: Du warst mir genau so wichtig wie ich dir! Dann sah sie auf die Türklinke. Ich öffnete. Berta ging in die Nacht, sie wollte beim Sterben allein sein.

Ich erinnere mich an so viele Fahrten, Ausflüge und Ereignisse mit Berta. Eigenartig ist allerdings, dass mir nur Besonderheiten – Bertas Verhalten in besonderen Situationen oder das Verhalten fremder Menschen auf ihr Erscheinen – im Gedächtnis geblieben sind. Dazugehörige Alltäglichkeiten sind völlig gelöscht, als wären sie gar nicht passiert.

Vielleicht liegt das daran, dass Berta und ich im Alltag unzertrennlich waren, eine Einheit. Uns konnte niemand etwas vom Anderen wegnehmen. Wir waren uns gegenseitig sicher. Deshalb reduziert sich die Erinnerung aufs Wesentliche, auf echtes Erleben. Unwichtige Normalität ist Oberfläche, die muss der Kopf nur zurate ziehen, wenn's innerlich nicht stimmen würde.

Aber zwischen uns war alles klar. Der Tag war verlässlich und gefahrlos, wenn wir zusammen waren, die ganzen zehn Jahre lang.

Einer schlechten Erinnerung kann ich durch Betrachten und Bedenken das Grauen nehmen. Eine schöne Erinnerung kann ich, wenn ich sie betrachte, am Leben erhalten.

Mein Hund nascht gerne Kaffeebohnen,
die regen auf und an.
Er meint, es müsste sich doch lohnen,
im Ziegenstall mit einzuwohnen,
dann käm er ständig dran.

Anne

Sand, Kiefern, Wacholder, größere Moos- und Flechteninseln. Weit und breit kein Mensch. Die Sonne gestattete Schlangen und Eidechsen vitales Gehusche.

Meine Hunde und ich waren an der weißrussischen Grenze. Rotweiße Pfähle wiesen uns darauf hin, dass wir schon einige Male den illegalen Grenzübertritt begangen hatten. Aber weißrussische Pfifferlinge sind genau so schmackhaft wie litauische.

Die Hunde verschwanden in einem Wacholderdickicht. Dann ein schriller, durchdringender Schrei, als hätte man jemandem den Fingernagel ohne Betäubung herausgerissen. Ich brüllte die Hunde zurück. Bei irgendeinem Wildtier hätten Berta und Pico gebellt. Aber sie kamen erregt und schwanzwedelnd auf mich zu.

Im Dickicht sah ich eine Senke, mit Müll gefüllt. Ich hielt die Hunde am Halsband. Die zerrten zum Müll. Zwischen Flaschen, Gläsern, Bauschutt und stinkenden Schlachtabfällen bewegte sich etwas. Es war ein zierlicher Hund, braun, mit langem Fell. Als ich ihn aufheben wollte, schmiss er sich auf den Rücken und schrie. Es war wieder dieser Angstschrei von vorhin. Ich zog mein Hemd aus, wickelte ihn ein und verschnürte das Bündel mit Ärmeln und Zipfeln. Am See wusch ich das Hemd mit dem Hund und den Hund mit dem Hemd. Der Gestank nahm eine andere Geruchsnote an, das war's. Nachdem mir das Hündchen mehrmals in die Finger gezwickt hatte, ergab es sich seiner Vorsehung.

Die Kleine brauchte nicht lange, um sich bei uns heimisch zu fühlen, genauso wie ich es mit Berta erlebt hatte. Ich nannte sie Anne, nach einem Lied von Hermann van Veen, den ich so gerne hörte. Da hieß es: »Anne, die Welt ist nicht so schön. Doch du kannst sie ein bisschen schöner färben ...« Und das hat sie dann auch gemacht.

Ihre Ängstlichkeit entsprach der zarten Statur. Aber sie ging weder Auseinandersetzungen mit Hühnern, Küken noch mit Wachteln aus dem Weg und konnte recht bedrohlich bellen, wenn sie hinter Berta stand.

Wovon sie sich einmal ernährt haben musste, war tief in ihrer Erinnerung verwurzelt, allerdings nicht negativ. Ihr ganz besonderer Leckerbissen wurden die Hinterlassenschaften der Ziegen.

Ganz besonders klar erinnern wir uns an Ereignisse, die Gefühlsspuren hinterlassen haben.

Hundeerfahrung bedeutet,
dass Hunde aus Erfahrung wissen,
wie sie mit uns
umzugehen haben.

Bergsteiger

Ich habe eine zehnstufige Steintreppe zur Veranda. Die erklimmt Grassy in der unnachahmlich, graziös-souveränen Fortbewegungsart einer dicken Raupe. Oben angekommen, ist er von sich so begeistert, dass er mit dem ganzen Körper wedelt. Der Schwanz reicht ihm nicht zum Freuen.

Sein Ja zum Leben und diese Fröhlichkeit sind einfach beispielhaft. Je näher du dem Ende kommst, sagt mir der kleine Hund, um so ausgiebiger solltest du dich freuen, wenn es dein Inneres anbietet.

Dabei kann einem sogar das Klagen vergehen.

Tiere kennen keine bösen und keine hinterhältigen Taten, nur notwendige.

Weisheit hält nichts
vom Klagen,
weil sie
Auswege findet.

Lavendel

Inzwischen ist in unsere Beziehung der Alltag eingezogen. Ein wahrlich harmonischer Alltag. Der kleine Hund hat sich eingeordnet. Ich habe alle seine »Gebrechen« registriert, aber er scheint sie gar nicht als solche anzusehen. Vielleicht empfindet er sie, mit dreizehn Jahren, als altersgerecht.

Sein Gehör verhindert, dass er bei meinen Tor-Schreien, wenn ich Fußball schaue, aufschreckt, und seine Augen lassen ihn noch so viel sehen, dass er nirgendwo gegen läuft. Das reicht!

Oben rechts besitzt er nur noch einen Zahn. Damit schlägt er unheilbare Wunden in Papiertaschentücher. So wird aus Gnadenbrot Gnadenbrei. Allerdings muss irgendwo im Untergrund etwas modern oder faulen. Dieser Mundgeruch ist furchtbar!!!

Grassy lutscht gern an Gräsern und das werde ich uns zunutze machen: Ich stelle den Blumentopf mit dem Lavendel auf die Treppe. Bald wird der blühen. Grassy denkt dann, es sei Gras.

Damit wäre auch dieses Problem gelöst und wir können uns gemeinsam auf die wichtigen Dinge unseres Daseins konzentrieren: Fressen und Freuen.

»Die Hunde haben's gut bei ihnen«, sagte sie. Das ist möglich, dachte ich, wusste aber: Ich hab's noch besser bei den Hunden.

Grassy an seinem Lieblingsplatz

Wie kann man
jemandem helfen,
der aus Gewohnheit ständig
klagt und jammert?
Ihm einen Grund geben.

Maßregelung

Alter schützt vor Lernen nicht, könnte das folgende Ereignis beweisen: Kira und Grassy nehmen ihre Mahlzeiten getrennt ein. Kira im Bad, Grassy in der Küche. Sind beide fertig, inspizieren sie die Schüssel des anderen. Und sollte nur noch ein Krümelchen zu finden sein, findet es der andere triumphierend und tut, als wäre es eine ganze Mahlzeit.

Vor ein paar Tagen war Grassy zu früh fertig. Er tippelte gedankenverloren den gewohnten Weg. Ich saß im Wohnzimmer und hörte einen Schrei aus Angst, Schuld, Wut, Ärger und Enttäuschung. Der kleine Kerl hatte vergessen, dass Kira Kampfhund-Gene hat. Er ließ sich von mir trösten und sagen: »Wir alten Kerle sollten immer so tun, als ob die Frauen Recht haben.«

An den folgenden Tagen sah ich die Konsequenz des Kleinen. Nach jedem Essen blieb er auf der Türschwelle stehen, bildete sozusagen ein Spalier für Kira. Erst wenn sie an ihm vorbei war, machte er sich hemmungslos über ihre Schüssel her. Jedes gefundene Stückchen bestärkte seine Gewissheit: Dieser besondere Genuss ist Folge meines devoten Verhaltens.

Dass er ihr heimlich die Zunge rausstreckte, könnte eine Wunsch-Sinnestäuschung von mir sein.

Eben durchzuckte mich ein Lächeln und darauf stand: Nicht nur meine Hunde sind mir treu, ich ihnen auch.

Ist mir ein Mensch unsympathisch,
aber mein Hund mag ihn
(oder umgekehrt),
sollte das ein Grund sein,
meine Gefühle zu überdenken.

Erkenntnisse

Ich habe diesen alten Hund aufgenommen, um ihm zu geben, was ich habe: einen erträglichen, zufriedenen Lebensabend. Und nun hat der kleine Kerl den Spieß umgedreht, er schenkt Freude ohne Ende.

Am Anfang unseres Zusammenseins habe ich mehrfach in der Nacht geprüft, ob er noch atmet. Das lässt mich heute schmunzeln. Tagtäglich nimmt seine Vitalität zu. Vom wehleidig-humpelnden Greis ist er zum stolzen Spanier geworden. Er begrüßt die Hausbewohner mit seinem ureigensten Ganzkörperwedeln. Nach jedem Beinchenheben scharrt er angeberisch wie ein Löwe. Bekomme ich Besuch, baut er sich in Kampfhundmanier auf, lässt minutenlang sein heiser-nerviges Bellen hören und schützt mich so vor überflüssiger Kommunikation.

Selbst seine Gebrechen scheinen einen Sinn zu haben. Weil er alles gehört, alles gesehen hat, was für ihn wichtig war, hat er sich eben für Sehschwäche und Schwerhörigkeit entschieden. Im Gegensatz zu mir kommt er ohne Brille, Zahnprothesen und Hörgerät aus. Er hört und sieht allein auf das, was von innen kommt; seine lebensbejahende Fröhlichkeit ist einmalig. Sollte aber doch mal etwas ganz Besonderes am Wegesrand sein, informiert ihn die Nase.

Noch eine beispielhafte Auffälligkeit entdeckte ich kürzlich. Grassy ist zuweilen räumlich und zeitlich total desorientiert, darum lebt er eben einfach lustig weiter! Mit anderen Worten: Er nimmt es nicht zur Kenntnis, dass seine Zeit vielleicht schon abgelaufen ist, lässt sich von dem leiten, was der Tag ihm gibt, was sein Inneres ihm schenkt. Spürt er mich im Seelengrau, findet er einen Weg, sein kleines Köpfchen in meine Hand zu schmiegen. Und auch das tut er mit ganzer Hingabe, genießt es, als wär's das erste Mal. Nein, vielleicht ist's für ihn das erste Mal, weil er eben das Mal zuvor vergessen hat.

Wer immer klagt, was er alles versäumt habe, sollte Hinsehen lernen.

Wahrscheinlich hätte ich mir
dieses Leben nicht ausgesucht,
wenn nicht etwas in mir gewusst hätte,
dass ich's so hinkriege.

Plato

»Er soll furchteinflößend aussehen, liebenswürdig sein und sich natürlich gut mit meiner Hündin Berta verstehen«, sagte ich zum Tierheimleiter. Berta und ich waren in Deutschland und suchten einen neuen Mitbewohner für unseren Waldbauernhof in Litauen. Ich lebte mit den Tieren allein dort. Weit weg von Menschen. In den letzten Monaten waren immer mal wieder Typen erschienen, die Schnaps, Zigaretten, Geld wollten. Berta konnte zwar laut und wütend bellen, das beeindruckte die Kerle aber nicht.

Wir gingen die Zwingerreihen ab. Und da war er: ein Tierheim-Ladenhüter, eine Kreuzung zwischen Rottweiler und Berner-Sennenhund mit der Masse eines ausgewachsenen Freilandschweines, neun Jahre alt, kampfvernarbtes Gesicht, hängende Unterlippe. Er lief langsam, Gelenke und Gewicht hatten etwas gegeneinander. Plato kam aus dem Zwinger, ich hockte mich nieder, der Hund setzte sich vor mich. Berta, interessiert und entspannt, kam dazu. Es war ein Kennenlernen mit unausgesprochener, dreifacher Sympathie.

Ich konnte ihn nicht gleich mitnehmen. Der Leiter rief: »Plato, komm.« Plato blieb bei uns. Berta und ich gingen in den Zwinger. Plato folgte. Ich sagte: »Das ist er! Ich hole ihn morgen ab.« Der Tierheimleiter meinte: »Für ihn brauchen Sie nichts zu bezahlen. Der ist zu alt. Sie werden aber sicher noch einige Monate Freude an ihm haben.« Am nächsten Tag fuhr ich mit meinem Tiertransport, bestehend aus Plato, Berta, elf Chabo-Hühnchen plus Hahn zurück in unsere Waldidylle. Aus den prophezeiten »einigen Monaten« wurden dreieinhalb Jahre.

Platos Freundlichkeit und Geduld machten ihn zu einem Weisen auf dem Hof. Ohne Bellen schaffte er es, Konflikte gewaltfrei zu entschärfen. Nur sein Erscheinen, sein vernarbter, dicker Kopf brachten Streitende zur Ruhe. Es gab nur eine einzige Unstimmigkeit zwischen uns, gleich zu Anfang, nachdem er bei mir war, und die lief folgendermaßen ab: Ich sah, wie Plato mit gesenktem Kopf, irgendwie schuldbeladen, über die Wiese schlich. Etwas an seinem Gesicht war anders. Es schien, als hätte er die Backen aufgeblasen. Ich schrie (der Hund hörte etwas schwer): »Plato, aus!« Der Hund senkte den Kopf noch tiefer, öffnete widerwillig das Maul. Da fielen drei(!) Zwerghuhn-Eier heraus, sie gingen nicht mal im Gras kaputt. Ein konsequenter Erzieher sollte in solchen Situationen nicht lachen, ich weiß. Aber Konsequenz macht auch nicht immer Spaß.

Einige Tage später standen wieder die aufdringlichen Typen vor dem Tor, die nicht begreifen konnten, dass es männliche Menschen gibt, die keinen Schnaps trinken. Normalerweise wären die Kerle unaufgefordert aufs Grundstück gekommen. Aber Plato wurde sichtbar. Sein Brummen hörte sich wie ein Knurren an. Ich griff demonstrativ ins Halsband, rief »Stopp!« und tat, als müsse ich Plato vom Tor wegziehen. So verlief der letzte Versuch, Schnaps, Zigaretten oder Geld zu schnorren. Obwohl der Große etwas auf Diät sein sollte, bekam er an diesem Abend eine reichliche Portion.

Plato entwickelte sich zu einer regelrechten Plaudertasche. Er hat circa zwanzigmal in den dreieinhalb Jahren gebellt. Aber wir verstanden uns auch so, weil Kommunikation mehr als Quatschen ist. Sein Gehör wurde mit der Zeit schlechter. Ich brauchte nur auf den Oberschenkel zu schlagen, das hieß »Komm!« und er folgte.

Er überlebte Berta, half mir sehr über diesen Verlust hinweg. Schließlich kam der Tag, als der große Kerl gar nicht mehr aufstehen konnte. Mühte sich, knickte ein, jammerte. Die Ärztin sagte: »Er hat doch viel mehr gehabt, als er erwarten konnte.« Dann gab sie ihm die Spritze. Sein großer Kopf lag auf meinem Schoß und sog die Tränen auf.

Ohne diese außergewöhnlichen Ereignisse und Erfahrungen wäre mein Leben geradlinig und langweilig gewesen und ich müsste ihnen noch heute nachjagen.

Ein bisschen dement schützt davor,
nachtragend zu sein.

Leicht dement?

Es geht dahin; wie's kommt, ist's recht.
Bei Hunger wird gegessen.
Da malmt die Kuh, dort schluckt der Specht
und ich kau selbstvergessen.

Ja, selbst vergessen ist nicht schlecht,
wenn grad die Launen stressen.
Mich wiederfinden, wär mir recht.
Wen könnt ich sonst vergessen?

Die meisten Fehler der jungen Jahre
kann man erst im Alter
genießen.

Altersstarrsinn

Zu wissen, wo man etwas ändern kann, was anderen nützt,
ist ein edles Ziel.

Ich wollte edel sein und begann Grassys Fell zu kürzen. Dieser Sommer zeigte nämlich die Wirkung des Klimawandels von morgen. Stückchen für Stückchen, Strähne für Strähne fiel dem Kleinen vom Körper. Seine Geduld war begrenzt, meine auch.

Wir einigten uns auf Teilzeitarbeit, sind schließlich beide Rentner, müssen uns von nichts mehr treiben lassen. So blieb Grassy halbfertig: sein Körper edel geschoren, sein Kopf löwenwollig und die kurzen Beine sehen wie mittelalterliche Pluderhosen aus. Das hat was.

Mit abnehmender Haarfülle wuchs Grassys Selbstbewusstsein (bei mir wäre das umgekehrt), angefangen bei der stolzen Körperhaltung über die Wandergeschwindigkeit bis zu nachdrücklichen Willensäußerungen und Bestimmer-Tendenzen. Er macht jetzt Sofa und Schoß zur Chefsache und wer hier Chef ist, steht mittlerweile auch fest.

Er weiß einfach, mit welchem Charme er auf die Nerven geht, hat mich voll im Griff.

Caro nennt das Altersstarrsinn.

Ich nenne das Selbstfindungsergebnis.

Wo Humor und Menschlichkeit verschmelzen, wächst akute Infektionsgefahr.

Von Menschen nicht mehr gebraucht,
vermisst, gefragt zu sein,
machte mich erst traurig und lähmte.
Da merkte ich,
wie sehr mich die Hunde brauchen,
und ich wurde wieder interessant,
sogar für mich.

Nasenschein

Seitdem ich weiß, dass Grassy das Großvatergetrödel beim
Spaziergang gar nicht braucht, stellt sich die Frage, warum
er's tut. Zumal er durchaus in der Lage ist, auf dem Nachhau-
seweg die Leine richtig fest nach vorn(!) zu straffen.

Ich denke, die Beantwortung der Frage hängt mit seinen
Defiziten zusammen. Bekanntlich sieht er sehr schlecht und
hört noch schlechter. Aber seine Nase ist überragend. Kira
guckt, riecht, hört am Anfang jeder Wanderung nach allen
Seiten. Unwichtiges lässt sie unbeachtet, kann es ganz schnell
ignorieren. Nur bei Interessantem lässt sie sich Zeit. Grassy
kann das nicht. Er muss dem Geruch ein Bild zuordnen oder,
noch komplizierter, dem Geruch ein Geräusch und dem Geräusch ein Bild. Und das dauert eben.

Außerdem ist er alt, hat Lebenserfahrung, kennt ja schon so
viele bemerkenswerte Erscheinungen. Der Kleine muss Ereignisse suchen, in denen er die erschnüffelten Bilder findet.
Daraus könnten dann ganz besondere Erinnerungen zutage
treten. Aber das dauert noch länger.

Nicht dass ich ungeduldig bin. Aber meist sind Kira und Blacky schon vom Horizont verschluckt, wenn Grassy den zweiten Strauch in Nasenschein nimmt (Augenschein geht ja nicht).

All das Gedenke ist mir sowieso zu umständlich, ich erfreue mich einfach an Grassys Schnüffelerleben.

Solange mir der Kopf noch Fragen stellt und Antworten anbietet, ist das Leben lebenswert.

Fröhlichkeit
geht künstlich
nicht.

Schwingungsbarometer

Es war vorschnell und deshalb wahrscheinlich falsch: Ich glaubte nämlich, Grassys Nase sei das einzig richtig funktionierende Sinnesorgan. Nein, das Erspüren, Erfühlen, Empfangen geringster Erschütterungen ist noch so ein Informationsmagnet.

Dass Hunde Mitgefühl haben und auf unseren Seelenzustand reagieren, habe ich ja schon beschrieben. Aber aus hauchhaften Regungen, z.B. dem Husten einer Ameise, Mitteilungen zu entnehmen, ist doch bemerkenswert.

Neulich trat ich leicht, aber sinnlos-trotzig auf den Waldboden. Der Zwerg ärgerte mich mal wieder, wandertechnisch. Er guckte erstaunt auf, als sei etwas nicht ganz so Gutes in seinen Körper gedrungen, hatte das Treten als Vibration wahrgenommen, hatte es gefühlt.

Sein Langzeitgedächtnis fing an zu arbeiten. Es suchte nach ähnlichen Ereignissen aus der Vergangenheit, wie er sich damals verhalten hatte und was richtig war. Danach konnte er entscheiden, was heute von Vorteil wäre. Genauer gesagt: Ob er mich weiter ärgern könnte oder nicht. Ganz schön durchtrieben. Oder?

Woher stammt eigentlich die Behauptung, der Mensch sei die Krone der Schöpfung? Tiere können mit übler Nachrede, Hass, Neid, Missgunst, Gier nicht viel anfangen. So haben sie's mir auch vermiest.

Grassy

Alles Tun aus Liebe, ohne Absicht,
kann eine Quelle sein, die in dir entspringt
und über dich hinaus
unaufhörlich
durch andere fließt.

Ein Sonnenband

Grassy versucht immer, in meiner Nähe zu sein, das reicht ihm. Ihm muss keiner sagen: »Ich hab dich lieb.« Das fühlt der, wenn's so ist.

Kira, ihn und mich verbindet ein »Sonnenband«. Das sendet warme, leuchtende Lebensfreude von einem zum andern. Genau dann, wenn der's gerade braucht. So bekommen meine depressiven Anwandlungen eine helle Umrandung, die mir sagt, wo es hingeht. Ein Sonnenband sollte jeder kennen. Es entsteht überall, wo ehrliche Zuwendung zu Hause ist, ohne Berechnung, ohne Absicht.

Ein wenig unersättlich ist Grassy schon. Menschen, die mich besuchen, bekläfft er so lange, bis sie ihn liebkosen. Vielleicht will er Kira und mir sagen: Nehmt alles Gute mit! Oder: Wer das Gute erzwingt, verstellt den Platz für Schlechtes, denn Schlechtes ist Last und die kommt von allein.

An Gutem bleiben oft nur die kleinen, fast unbewussten, ehrlichen Taten.

Interesse am Leben
kommt von
Interessen im Leben.

Überlegung

Was wäre, wenn ich meine Hunde nicht hätte? Spaziergänge würden an der Mülltonne enden. Suizidgedanken wären unterhaltsam, denn ...

... wer sollte mir zeigen, wie in Würde Altern geht,

... wer könnte mir zeigen, wie ich mit »Gebrechen« umgehe,

... wem könnte ich Liebe, Zärtlichkeit, Zuwendung geben,

... wer sollte mir Liebe, Zärtlichkeit, Zuwendung geben,

... wem könnte ich ehrliche Freude schenken,

... wer würde mir ehrlich Freude zeigen,

… wer wäre überhaupt ehrlich,

... warum sollte ich noch Regelmäßigkeit pflegen,

... wozu sollte ich mich noch überwinden,

... wofür trüge ich Verantwortung,

... wer würde etwas von mir wollen?

Vor allem aber: Wer würde auf mein Schweigen antworten?

Frieden wächst nicht von oben nach unten oder umgekehrt.
Frieden kann nur von innen nach außen wachsen.

Altsein bedeutet:
Es wird nicht besser.
Ich kann nur etwas dafür tun,
dass es nicht so schnell
schlechter wird.

Stratege

Was Grassy will, weiß er! Wie er's zu erreichen versucht, ist bemerkenswert. Über die Futternapfuntersuchungsstrategien hatte ich schon berichtet, aber die Eroberung des Sofas erscheint ähnlich eindrucksvoll.

Anfangs löste das Erklimmen einer Treppenstufe bei mir schon Jubel aus. Dann, vor ein paar Tagen, kam ich ins Zimmer und Grassy lag auf dem Sofa, ganz oben auf meinem Mittagsschlafkissen. Seine Körper- und Kopfhaltung hatten etwas Majestätisches. Der Blick drückte pure Würde, Weisheit und koboldhaftes Durchtriebensein aus.

Jedoch scheint er nicht zu wissen, dass alles mindestens zwei Seiten hat. Ich bin stolz und überrascht über ihn, weiß aber auch, er kann mehr, als ich annahm, und das sollte Konsequenzen haben.

Grassy kennt inzwischen drei wirkungsvolle Strategien, um aufs Sofa zu kommen: erstens die Ich-geh-dir-auf-die-Nerven-Variante – das ist unaufhörliches Bellen; zweitens die Mitleidvariante – er tut so, als ob er trotz aller Mühen stets wieder abstürzt; und drittens die Trotzvariante – er schafft es doch, zeigt sich eingebildet, bisweilen sogar abweisend.

Bis auf Variante drei lasse ich alle unbeachtet und muss das Gefühl ertragen, dann von ihm kurz einmal nicht gemocht zu werden.

Sich für den schwereren Weg zu entscheiden, führt häufig dazu, dass der später kinderleicht ist.

Wer die Natur liebt,
sich selbst aber weniger,
dem geht das Herz auf,
wenn jemand seinen Hund
bezaubernd findet.

Vorausschauend

Bemerkenswerte Leistungen haben mich bei vielen Tieren erstaunt, aber besonders ist mir Bertas Strategie im Gedächtnis geblieben.

Hunde können kombinieren, Schlussfolgerungen ziehen und Entscheidungen treffen. Das steht fest. Berta hat's bewiesen. Sie war stets die Erste im Wohnzimmer. Ihr Platz auf dem Sofa war die rechte Ecke. Schon immer. Dort bekringelte sie sich und überstand selbst das Gezeter des Staubsaugers.

Nena, die kleine Katze, die ich gleichzeitig hatte, gehörte mit aufs Sofa, aber die rollte sich überall zusammen, wo gerade Platz war.

Als Plato, der Ladenhüter aus dem Tierheim, dazukam, legte er sich sofort auf Bertas Platz. War's Zufall oder männliches Vormachtstreben?

Berta schmollte nun links. Aber sie schmollte nicht nur, sie überlegte, sprang plötzlich auf, rannte wütend bellend zur

Tür. Plato, der stets ruhig und gemütlich war, schraubte sich hoch und ging zur Tür. Nicht dass er neugierig gewesen wäre, nein, er musste ja Berta vor einer eventuellen Bedrohung beschützen.

In diesem Moment schlüpfte Berta an ihm vorbei und lag wieder auf ihrem Platz. Wenn Hunde nicht nur kombinieren, sondern auch grienen könnten, hätte Berta jetzt garantiert gegrinst.

Konflikten humorvoll und freundlich zu begegnen, nimmt der Aggression die Lust.

Ohne Risiko keine Enttäuschung.
Ohne Enttäuschung kein Leid.
Ohne Leid keine Qual.
Ohne Qual keinen Kampf.
Ohne Kampf keinen Sieg.
Ohne Sieg keine Erleichterung.
Ohne Erleichterung keine Freude.
Ohne Freude kein Glücklichsein.

Ein gebrauchter Hund

Einen Hund aus zweiter oder dritter Hand, also einen »gebrauchten«, bekommt man im Tierheim. Manche Menschen sehen hier ein Risiko, ich nicht.

Wir leben in einer Gesellschaft, die tiefste Abscheu vor Risiken hat. Deshalb schließen wir so viele Versicherungen ab, die dadurch immer reicher werden. Spaßsucht und verrückte Extremsportarten könnten als Ausgleich dienen, aber das ist wieder ein anderes Thema.

Für mich sind Hunde aus dem Tierheim seit Jahrzehnten immer wieder eine Überraschung, aber Grassy ist eine Wundertüte. Wird die geöffnet, purzeln ungeahnte Verblüffungen heraus. Er hat ein Vorleben, aus dem Gewohnheiten stammen. Gewohnheiten, mit denen ich nichts zu tun habe. Aber sie können durchaus überraschen, bereichern, mein Denken erweitern. Sie sagen nicht nur etwas über den Hund aus, auch über Charakter und Liebesfähigkeit des Vorfrauchens oder Vorherrchens sprechen sie. Darum beobachte ich, passe auf und lasse mich zum Staunen bringen.

Der kleine Hund ist keinesfalls schreckhaft. Wie sollte er auch, bei seinem Gehördefizit. Aber verblüffend ist es schon, dass ich seine Futterschüssel nur auf den Tisch zu stellen brauche, und er kommt aus dem Nachbarzimmer. Hingegen lässt ihn mein Schimpfen und Rufen im Wald völlig ungerührt oder er scheint zum Echo zu laufen, in die entgegengesetzte Richtung.

Wahrscheinlich komme ich diesem Verhalten am nächsten, wenn ich es zweckdienliche Schwerhörigkeit nenne. Grassy weiß eben genau, wie er uneingeschränkte Aufmerksamkeit bekommt.

Gern gibt er sich auch, wie schon gesagt, ein bisschen dement. Versucht wie ein Marienkäfer am Grashalm immer die höchste Stelle im Haus zu erlangen, obwohl wir ganz unten wohnen. Und sein Umgang mit fremden Menschen ist so gewinnend oder nervend, dass ich durchaus Rückschlüsse auf die anderen ziehen kann.

Ich könnte das alles erklären, deuten, analysieren, aber dann würde ich die Überraschung verpassen.

Die Entscheidung für einen gebrauchten Hund werde ich sicher so lange beibehalten, wie ich das Leben beibehalte.

Altersweisheit könnte sein:
Aus der Erfahrung des Lebens
im richtigen Moment
dem Richtigen
nahe gekommen zu sein.

Traumatisches Erlebnis

Da das Leben tatsächlich ein Risiko ist, schlich sich gerade ein Erlebnis mit Timmy in mein Gedächtnis. Auch er war ein älterer Hund aus dem Tierheim. Mit ihm wanderte ich nach Litauen aus. Um einen Fehler, einen Irrtum auszuräumen, bedarf es nicht nur Verstand. Oft müssen auch die Gefühle korrigiert werden.

Timmy war ein stämmiger, braun-weißer Akita-Mischling. Das tiefe, stehende Fell, seine gelassene, freundliche Art und nicht zuletzt die stolz hoch geringelte Rute – all das machte ihn aus.

Er hatte einen Teil seines Lebens im Tierheim verbracht. Bis Julchen, meine jüngste Tochter, ohne zu fragen, sich in den Zwinger schlich, den Arm um Timmys Hals legte und ihren Vater ansah, wie es eigentlich nur Hunde können. Dieser Blick entschied Timmys Zukunft.

Von da an lebte der Große auf meinem Hof, zusammen mit Hühnern, Enten, Gänsen und Ziegen. Auch eine langhaarige, braune Katze und ein zierliches Hundemädchen gehörten jetzt zu seinen Freunden. Ich wollte schon immer mal Chef sein, nun war ich's für die Tiere.

An diesem Tag baute ich ein Viereck aus Brettern, legte Heu und Stroh hinein und holte eine große Hundetransportkiste aus dem Auto. Ich stellte die Kiste ins Viereck, öffnete die Tür. Timmy hatte schon etwas gerochen. Keinen Hund, etwas Unbekanntes, aber Erregendes; etwas, das seine Gefühle wallen ließ. Aus der Tür zwängte sich ein schwarz geflecktes Schweinebaby. Der Hund war begeistert, schnupperte über die Bretter. Er kam nicht nahe genug an die Kiste. Vorsichtig stieg er über den Rand, die Vorderbeine zuerst und die Hinterbeine im Bogen hinterher. Nun konnte er das Neue mit allen Sinnen erforschen.

Aber das Schweinchen wollte nicht erforscht werden. Es hatte gerade sein Zuhause, die Geschwister und vor allem die Mutter verloren. Obwohl es schon gut alleine fressen konnte, sehnte es sich doch nach Mutters warmem Bauch mit der nicht versiegenden Milchquelle.

Das große Tier über ihm hatte einen ähnlich rosa Bauch wie die Mutter. Und das da oben, zwischen den Hinterbeinen, das sah aus wie Mutters Milchzapfstelle. Das Schweinchen machte zwei, drei Schritte, sah scheinbar desinteressiert nach unten. Dann hüpfte es entschlossen hoch und fasste die vermeintliche Zapfstelle mit den Zähnen. Ein jämmerlicher, quiekender Schrei ertönte und Timmy stand neben dem Viereck. Wirklich herzlich wurde das Verhältnis zwischen Timmy und Ulrike nie. Ob's beiderseitige Scham war?

Alles, was von außen einwirkt, hat seine Zeit. Dauerhaftes kommt von innen.

Das Schönste ist,
etwas geschafft zu haben,
das zwar erträumt,
aber unwahrscheinlich war.

Angst

Wir wohnten am Fuße eines Berges, auf dem ein großes Schloss stand. Der Weg zu unserem Haus führte steil bergauf, circa zehn Minuten im strammen Schritt. Am Schloss ging es an einer drei bis vier Meter hohen Mauer entlang. Daran grenzte ein verwilderter Garten. Die Büsche ließen ihre Äste herunterhängen, sie versuchten wohl, mit dem aufstrebenden Efeu in Kontakt zu kommen.

Die Mauer endete an einem ramponierten Eisentor. Timmy und ich gingen diesen Weg jeden Tag. Einmal – es war noch dunkel – huschte etwas über die Straße, verschwand durchs Tor. Timmy hinterher! Ich rief und wartete, ging an der Mauer hin und her, hörte das erregte Bellen mal fern, mal nah. Dann sehr nah, über mir.

Der Hund stürzte wenige Meter vor mir auf die Betonplatte, lag auf der Seite, stöhnte. Ich betastete seine Beine, die schienen in Ordnung. Er stand nicht auf. Er stöhnte und brummte weiterhin. Oder war das vielleicht Knurren?

Ich musste das Auto holen und ihn nach Hause fahren.

Aber wie sollte ich das machen? Ich konnte ihn doch nicht hier alleine liegenlassen! Ich ging ein Stück. Er richtete sich auf, aber die Hinterbeine versagten. Dann stieß er einen jämmerlichen Schrei aus. Nein, weggehen konnte ich nicht. Ich kniete mich neben ihn, legte mich fast auf den Bauch, schob vorsichtig meinen Kopf unter seine Brust, sprach leise mit ihm und streichelte ihn dabei.

Langsam stand ich auf. Er lag warm, schwer und ruhig um meinen Nacken herum. Sein schmerzvolles Stöhnen dröhnte mir im Ohr. Jeder Schritt von mir schickte Angstschweiß über den Körper, denn ein Stolpern oder Straucheln hätte ihm noch schlimmere Schmerzen bereiten können, sodass er vielleicht gebissen hätte.

Wir schafften es nach Hause. Timmy erholte sich langsam. Er ließ niemanden an sich heran. Der Tierarzt empfahl die Spritze und das kommentierte der Hund mit Zähnefletschen.

Seine Hinterbeine durfte nur ich massieren. Als er wieder laufen konnte, ging er mit den Kindern oder mir täglich zum Teich. Langsam, aber es klappte gut. Er holte gern Stöcke aus dem Wasser. Das Schwimmen brachte ihn zurück ins Leben.

Die furchtbare Angst, die ich um ihn hatte, ist mir am eindrucksvollsten in Erinnerung geblieben. Aber das Gefühl, dass Timmy mir so sehr vertraute, ließ mich handeln und genau das Richtige tun.

Echte Menschlichkeit hat auch immer Platz für Tiere.

Die Sinne der Tiere
sind unseren weit voraus.
Ist das nicht ärgerlich, wo wir doch
die Krone der Schöpfung sein sollen?

Navigation

Im Jahr zuvor hatten wir das erste Mal Urlaub im litauischen Wald gemacht. Ein bescheidenes Bauernhaus, Ziehbrunnen, Plumpsklo, Kiefern- und Birkenwald, Wacholderdickicht, Teiche, Sümpfe, die dazu gehörenden Tiere und Pilze, Pilze, Pilze … Zu allem ein Himmel, der höher schien als anderswo. Wir und die Hunde Pico, unsere kleine, braune Hundedame, und Timmy genossen diese Freiheit.

Nun waren wir in einer anderen Urlaubsunterkunft. Zwischen ihr und dem Häuschen vom Vorjahr lagen zehn Kilometer Wald. Wir sammelten unser Pilzabendbrot.

Auf einer Lichtung entdeckten die Hunde ein Reh und waren verschwunden. Langsam entfernte sich ihr Jagdgebell. Wir kannten das, sammelten weiter, riefen nur ab und zu einmal, mehr als Alibi.

Dann kam Pico abgekämpft, aber sichtlich zufrieden zurück. Timmy blieb verschollen.

Wir holten das Auto, fuhren durch den Wald und suchten nach ihm. Nichts! Für die Kinder und uns stand eine unruhige und traurige Nacht bevor. Immer wieder gingen wir vors Haus und riefen ihn.

Am nächsten Tag wollten wir unsere Suche fortsetzen. Da stand plötzlich ein Fremder in der Küche, der uns mit Händen und Füßen zu verstehen gab, dass wir doch mal zu unserer Vorjahresunterkunft fahren sollten. Dort habe man nachts einen braun-weißen Hund gesehen.

Wir fuhren sofort los. Timmy kam uns auf der staubigen Straße entgegen. Einer nach dem anderen nahmen wir ihn in den Arm und sicher waren auch ein paar Tränen unterwegs. Er musste sich auf der Hälfte der Strecke zwischen den beiden Häusern verirrt haben, hatte aber offenbar nur das von vor 365 Tagen wiedergefunden.

Erst seit diesem Erlebnis-Wunder ahne ich, dass hier mehr als ein gut entwickeltes Langzeitgedächtnis gewirkt haben muss.

Das Wichtigste, was wir von Tieren lernen sollten, ist Bescheidenheit. Die behalten ihre Überlegenheit für sich, leben sie einfach nur.

Es gibt keine hässlichen Menschen,
man kann sich jeden,
mit etwas Geduld,
ansehnlich sehen.
Ich komme nur zu selten
am Spiegel vorbei.

Toleranz

Die alten, unansehnlichen, ausgegrenzten Hunde haben etwas Besonderes, auch wenn wir's nicht ahnen.

Vielleicht liegt das daran, dass keiner ihnen zutraut, treu, fröhlich, anschmiegsam und zärtlich zu sein. Geben wir ihnen und uns aber eine Chance, schenken sie uns eine ganz neue Sicht der Dinge und erweitern unseren Horizont erheblich.

Ein unansehnlicher Hund, in der richtigen Hand, kann durchaus zur Toleranz unter den Menschen beitragen. Diese richtige Hand sollte allerdings zu einem schönen, prominenten, reichen Menschen gehören, dann klappt's vielleicht.

Bei mir ist die Sache umgekehrt. Ich habe zwei (an Arbeitstagen sogar drei) hübsche, alte Hunde, kann mir also Schönsein und alles andere sparen.

Und hier kommt eine Frage angekrochen, bedrohlich wie eine giftige Schlange.

Nein, nicht die Frage ist bedrohlich, die Antwort könnte

es sein: Können meine schönen Hunde bewirken, dass Menschen mir gegenüber toleranter werden?

Wenn ja, habe ich ein Problem.

Früher wünschte ich mir immer, dass mal jemand käme. Heute wünsche ich mir, dass der nicht so lange bleibt.

Kira und Grassy zu Hause

Wenn ein Mensch nur so tut,
als ob er mich mag,
merkt's zuerst mein Hund.

Eingeschnappt oder klüger?

Normalerweise sinken Rute und Ohren, Augen werden glasig und Gelenke weich, wenn ich schimpfe. Und ich kann schimpfen!

Gestern kam Besuch. Grassy bellte unaufhörlich. Er ließ sich auch nicht durch Streicheleinheiten, die entweder der Besuch oder ich ihm zuteil werde ließen, beruhigen. Schließlich brüllte ich, aber richtig! Alle zuckten zusammen, nur er nicht. Grassy wandte sich ab, hob stolz Kopf und Rute und legte sich in einen Herbstsonnenstrahl, wobei er die Pose eines Bodybuilders einnahm. Wahrscheinlich wusste er mehr als ich, hat's nur gut gemeint mit mir.

Leid, das ich bewusst ertrage, ist Muskelaufbau für die Seele.

*So manche Entsagung
ist ein Baustein
für Zufriedenheit.*

Prioritäten

Wahrscheinlich wäre es Grassy am liebsten, wenn er, auf irgendeinem sympathischen Schoß liegend, ein Leckerli nach dem anderen schlucken »müsste«. Aber Idealfälle sind selten, das weiß er auch. Darum setzt er Prioritäten: Wo er sich zwischen Schoß und Häppchen entscheiden kann, zieht er Magenfüllendes vor.

Unser Bekanntenkreis ist überschaubar. Da gibt es zwei Personen, die Grassy ohne Pause bebellt, und zwei Menschen, bei denen er's kurz mal probiert und schnell aufgibt. Letztere sind Caro und ich. Wir haben vor Zeiten den Krach länger ausgehalten, was die anderen noch nie geschafft haben.

Die bebellten Personen erreichen eine Pause von maximal dreißig Sekunden, indem sie dem Zwerg ein Häppchen zustecken und sich sagen, dass sie es doch nur gut gemeint haben. Hier zwinkert der Kleine mit den halbblinden Augen, die Bände sprechen: Wenn du deinen Besuch nicht erziehen kannst, mach mir keine Vorwürfe. Ich bin doch nur ein alter Hund!

Ab morgen teile ich den Besuchern die Leckerlis zu und dann bekomme ich Antwort auf die Fragen, wer am meisten leidet und wer gewinnt. Die müssen einfach erkennen, dass Leckerlis geben und Gutes tun nicht das Gleiche ist.

Menschen, die immer nur gemocht werden wollen, sind arm dran.

Ist etwas äußerlich
sehr schön,
kann das Innen
genauso sein.

Liebesglanz

Fantasie ist nicht meine Stärke. Darum muss ich genau hinsehen und dann treffend formulieren, wenn ich etwas aufschreiben will. Danach bin ich froh und zufrieden, Meine
Hunde machen es mir leicht.

Für Blacky bin ich der Tagesopa. Er zeigt, dass man mit
Alten rücksichtsvoll umzugehen hat. Seine Folgsamkeit ist
beängstigend. Rufe ich Kira, kommt er sofort, während die
Gerufene weit entfernt steht und überlegt, ob ich's ernst gemeint habe.

Blacky ist schwarz, wie der Name schon sagt, mit dünnem
weißen Lätzchen. Sein Fell glänzt so gesund wie bei einem
gut gepflegten Jungtier. Aber er ist schon neun Jahre alt. Ich
bin überzeugt davon, dass der besondere Glanz seines Felles
durch die besondere Liebe seines Frauchens entsteht. Kann
mich natürlich auch täuschen.

Blacky und Grassy sind keine Freunde. Ihr Verhältnis ist
ausweichend. Sie halten sich gegenseitig eher auf Abstand.
Aber sie nehmen sich schon wahr, wie z.B. der zarte Nacht-

falter die bedrohliche Lichtquelle (wer was ist, ändert sich je nach der Situation). Ist allerdings Blackys Frauchen in Hör-, Sicht- oder Riechweite, wird er zum brüllenden Löwen, zum fauchenden Panter und zum heulenden Wolf gleichzeitig. Das ist seine Art, dem Frauchen auch ein glänzendes Fell verschaffen zu wollen.

Später liegen Blacky und Grassy wieder nebeneinander auf den Treppenstufen, drehen sich achtungsvoll den Rücken zu und genießen die Herbstsonne. Sie dulden sich friedlich. So geht's auch.

Was ist das Rad des Pfaus, das Anschmiegen der Katze, das tastende Näherkommen der Ziege, der ulkige Danktanz des kleinen Hahns, der Sprint des dicken Schweinchens, die beschützende Liebe und Treue der Hunde – ja, was ist das alles im Vergleich zu einem dicken Bankkonto???

Menschen vertrauten
mir früher
ihre Probleme an,
heute sind es ihre Hunde.

Schwarzer Hund

Sagt jemand »Ich sehe schwarz«, ahne ich irgendetwas Schlechtes. Schwarz bedeutet Trauer, Angst, gruselig: der schwarze Mann, das schwarze Schaf, der dunkle Keller …

Das ist die eine Sichtweise, die andere sieht so aus: Jeder Mensch hat bewusst oder unbewusst eine Lieblingsfarbe. Alle Farben sind relativ hell im Vergleich zu schwarz. Schwarz steht also ziemlich alleine da. Die meisten Menschen aber wollen nicht alleine sein. Also bevorzugen sie eher etwas Helles. Da es aber nur selten blaue, grüne oder rosa Hunde gibt, werden eben die Blonden adoptiert. Das könnte der Grund sein, weshalb schwarze Hunde in den Tierheimen Schwierigkeiten haben.

Es gibt aber auch Menschen, denen Farben völlig egal sind. Die wissen, dass ein Hund einen Charakter, eine Seele hat, über dunkle und helle Seiten verfügt (wie du und ich) und vor allem, dass er fühlen und Gefühle lesen kann. Vielleicht haben diese Menschen auch eine Lieblingsfarbe, aber sie können gut Inneres von Äußerem unterscheiden und sie wissen, wie schnell vergänglich das Äußere ist. Manche sind außerdem so schräg drauf und schenken ihre Liebe einem schwarzen, noch dazu alten und kranken Hund. Sie haben nämlich gelernt, dass bei wichtigen Entscheidungen Verstand und Gefühl gleichberechtigt Ja sagen müssen. Diese komischen Typen haben meist sehr lange Freude an ihrem Vierbeiner. Ihre Liebe wird ihnen zigfach zurückgegeben, auch über den Tod hinaus.

Vorurteile und Menschlichkeit haben so viel gemeinsam wie dampfender Asphalt und dampfender Kaffee.

Blacky

Geben, ohne Gleiches
zu erwarten, führt
zur Aufmerksamkeit
für Überraschungen.

Erwartung

Ich kann nicht erwarten, dass andere Menschen meine Hunde genau so bezaubernd und liebenswert finden wie ich. Und schon gar nicht diesen Zottel-Zwerg. Es sollte auch niemand von mir erwarten, dass ich dessen Hund liebe. Schön, sympathisch, lustig, interessant finde ich Hunde fast immer, doch innig lieb habe ich nur Kira und Grassy.

Aber andere haben eben andere Gefühle. So etwas wie andauernde, liebevolle Zuwendung ist wohl auch sehr persönlich. Die muss aus Geben und Nehmen wachsen und sich entwickeln. Um eine solch erfüllende Erfahrung zu machen, bedarf es nur einer vorurteilsfreien Offenheit Tierheimhunden gegenüber. Die ist am leichtesten erreichbar, indem man die ausgegrenzten, nicht so ansehnlichen, alten Tiere auf sich wirken lässt, sie besucht, mit ihnen spazieren geht, sie »zurückstellen« lässt und sich dann entscheidet.

Wer ständig klagt, was er alles im Leben versäumt hat, hat nur nicht gelernt, genau zu beobachten.

In meinem Bad wohnt
eine dicke, dunkle Spinne.
Es ist Winter!
Im Frühling werde ich sie
konsequent der Wohnung
verweisen.

Leichtfertig

Weil ich die Menschen kenne, liebe ich die Tiere, sagt der, der sich nicht kennt und der sich auch nicht kennenlernen will; der sich mit sich nicht auseinander setzen mag oder kann; der mit dem Leben leichtfertig umgeht, also leicht fertig ist.

Vielleicht sollte er es besser anders formulieren: Weil ich das Unangenehme, Hässliche, Ekelhafte, Bedrohliche in mir erkannt und anerkannt habe, kann ich versuchen es zu mindern; ich brauche es nicht an den Tieren auszulassen.

Seitdem ich mich kenne, wurden die hässlichen, ekelhaften, bedrohlichen Tiere schützenswert. Ich brauche sie nicht mehr totzutreten.

Wohlbefinden

Anhaltendes Wohlbefinden oder gar Zufriedenheit hängt bei uns nur ganz wenig vom Äußeren ab. Ehrlich gesagt, fällt mir gar nichts ein. Die folgenden Gedanken aufzuschreiben, ist schwer, denn Selbstverständlichkeiten zu sagen, verringert deren Glaubwürdigkeit.

Ich kämme Grassy nicht gern. Mich auch nicht. Der Betrachter sieht uns oft ungepflegt. Der Kleine ähnelt manchmal einem ausgefransten Lappen. Das entspricht zwar auch nicht meinem Schönheitsideal, aber wir fühlen uns wohl, pflegen uns eben anders.

Kira, Blacky und Grassy pflegen z.B. Gefühle, Empfindungen und die Sinne. Nicht nur ihre eigenen. Ihnen ist es wichtig, dass die, die sie mögen, sich gut fühlen; anderenfalls versuchen sie tröstend, aufmunternd, sogar albern zu helfen. Ich übe mich in Gedanken, sehe ihnen beim Wachsen zu, bestaune Höhe, Breite, Verzweigungen, dann die Blüte, bis ich sie im Ganzen erkenne, sie beschreiben, weitergeben und zuweilen sogar danach leben kann.

Leider denke ich auch noch hin und wieder daran, was wohl die anderen über mich sagen. Aber ich schreibe lieber, als etwas dagegen zu tun.

Grassys Lebensfreude wird durchs Kämmen getrübt, also lassen wir das. Wir stellen uns nicht gegen die schöne Welt, denn wir gehören dazu (nicht zur schönen, nur zur Welt natürlich). Ist es nicht aber etwas Besonderes, ein Gegenpol zu sein? Was wäre unser Leben ohne Gegensätze? Nachher, im Grab, sind wir doch sowieso alle gleich.

Solange ich das alles weiß und noch ein bisschen darunter leide, muss ich mir eben meinen kleinen Hund als Vorbild nehmen.

Seitdem ich mich so einigermaßen kennengelernt habe, wurde mir klar, dass die anderen gar nicht so schlimm sind.

Alles, was mir das Leben
angeboten hat, habe ich angenommen,
durchlebt, erlebt, überlebt.
Ja, ich habe gelebt.

Schönheitsideal

Seit über dreißig Jahren habe ich ein komisches Schönheitsideal. Sehe ich mir das ebenmäßige, graziöse, perfekte Äußere der Medien-Menschen an, bewegt das in mir nichts, nicht
mal Ablehnung. Es dringt nicht nach innen.

Vielleicht war ich in meinem Beruf als Sozialarbeiter gar
nicht schlecht, weil mir arme Menschen genauso wie Penner,
Huren, Knackis, Säufer, Bettler immer wichtig waren. Denen
zur Würde verhelfen, ist etwas Großes.

Grassy hat von Anfang nicht meinem Geschmack entspro-
chen. Seine Geschichte war's, die Situation, in der er und ich
uns befanden. Dass ich dann letztlich so viel Glück, so viel
Freude haben würde, konnte ich kaum vorhersehen.

Wenn ich das jetzt schreibe, fällt mir auf, dass ich überhaupt
keine Vorstellungen hatte. Die ersten zwei oder drei Tage hatte ich nur Angst, dass er stirbt. Und ganz tiefe Gefühle für
ihn. Vielleicht ist das das Geheimnis funktionierender Beziehungen: Keine Erwartungen! Das Gute genießen, aufsaugen,
um Schlechtes verkraften zu können!

Was der kleine Hund mich alles gelehrt hat! Seine freundliche Gelassenheit, seine bezaubernde Aufsässigkeit, seine lustige Sturheit sind nur ein Teil. Er ist kein bisschen nachtragend, aber das könnte etwas mit dem geschrumpften Kurzzeitgedächtnis, mit seiner fröhlichen Demenz, zu tun haben.

Alles in allem haben Grassys anziehenden Seiten überhaupt nichts mit dem Äußeren zu tun. Sein Charme macht ihn schön.

Im Grunde ist Zufriedenheit nur darauf aus, beleuchtete Wege im Dunkel zu zeigen.

Menschlichkeit hat auch immer
etwas mit Natur zu tun,
so wie Natürlichkeit
mit Menschsein.

Wundern beim Wandern

Kira vermaß die Waldwege. Ihr folgen wir Menschen und zwei Hunde. Ein Spaziergang im frühen Herbst. Das Bunte der Blätter erwachte gerade und löste in mir fröhliche Leichtigkeit mit melancholischem Nachgeschmack aus.

Uns kam eine junge Frau mit einem großen Hund entgegen, der war wie Kira ohne Leine, ein Rüde. Die Hunde begrüßten sich überaus freundlich. Da bemerkte der Große Grassy an der Leine. Er kam langsam auf uns zu. Kiras Freundlichkeit war schlagartig verschwunden. Sie sprang mit gesträubtem Nackenfell knurrend dazwischen. Der Große wich verwundert zurück. Es ist gut, das Stolz nicht leuchtet, ich hätte sonst noch einige Zeit als Tiefstrahler dienen können.

Nun weiß ich: Hunde können ohne unsere Mithilfe, nur aus reinem Pflichtbewusstsein heraus das Richtige tun.

In Wissenschaft und Technik haben wir so viel von der Natur gelernt, wir sollten's mal im Zwischenmenschlichen versuchen.

Liebe geben und
empfangen war für mich nie
nur von Menschen abhängig.

Friedliche Koexistenz

Damals, vor zehn bis fünfzehn Jahren, als ich so menschen-
arm im litauischen Wald lebte, konnte ich ohne Wehmut das
Schöne der Gegenwart genießen.

Zwischen all meinen Tieren herrschte eine außergewöhnli-
che Harmonie. Das fiel mir nur auf, wenn es andere merkten
und sagten. Und tat das jemand, schwoll mir die Brust. Zumal der bunte Haufen aus Hunden, Katzen, Ziegen, Schafen,
Wachteln, vietnamesischen Hängebauchschweinen, Pfauen,
Hühnern, Enten, Gänsen, Perlhühnern, Putern, einem Storch
und einem Pferd bestand.

In meiner Waldeinsamkeit gewöhnte ich mir, ohne es zu
wollen, an, viel und intensiv zu denken. Dabei kam mit zu-
nehmender Übung manchmal sogar etwas heraus. Ich forsch-
te z.B., wieso lediglich Fuchs oder Habicht vernichtend auf
manches Federvieh Einfluss nahmen.

Supermärkte, Kaufhallen vor allem Konfektionsläden waren
und sind mir ein Gräuel. Aber auf dem Bauernmarkt konnte
ich Stunden zubringen. Fast jedes Mal bat mich irgendetwas

Befiedertes ober Befelltes, mit auf unsere Arche kommen zu dürfen. Und fast jedes Mal konnte ich frohen Herzens Ja sagen. Jedes erworbene Tier transportierte ich unter meinem Hemd nach Hause. Dort hielt ich es als Erstes meinen Hunden vor die Nase. Die beschnupperten den Neuankömmling und wussten genau: Was aus dem Hemd kam, gehört zu uns.

Bei den kleinsten Ablehnungszeichen mussten sie mit meiner Stimmgewalt rechnen. Das war die einzige Gewalt, die ich ausübte, und die reichte auch. Natürlich beobachtete ich die Neuen längere Zeit ganz besonders und ließ ab und zu mal den »Schlichtungs-Brüller« ertönen ... Letztendlich lebten wir harmonisch zusammen und alle wussten: Jeder ist hier erwünscht, wie er ist.

So erkläre ich mir auch das Verhältnis zwischen Kira und Grassy. Widerwillige Duldung, gedämpftes Interesse führten über respektvolle Annahme schließlich zu Rücksicht und liebevoller Sympathie, bis Kira zu Grassys Beschützerin wurde.

Die Seele der Tiere und meine müssen sich – einfach so – mögen, sympathisch finden, dann klappt gutes Verstehen.

Meine Hunde stehen
beharrlich zu mir,
auch wenn sie sich mal
anderen zuwenden.

Kira

Plato und ich waren zurück in Deutschland. Die Spaziergänge wurden immer kürzer. Der Große quälte sich bei jedem Schritt, setzte sich hin, fiepte kläglich beim Aufstehen. Jeden Abend sagte ich ihm: »Morgen hole ich den Arzt!«

Am Vormittags des 24. Dezember trieb mich mein Hundeverstand ins Tierheim. An Platos Ende konnte ich nichts ändern, aber mein eigenes Leid durch eine neue Aufgabe zu verringern, das war möglich. Der Tierheimleiter fragte: »Suchst du eine Freundin für Plato? Wie findest du die hier? Geh ruhig mal ein Stück mit ihr spazieren.«

Kira, ein mittelgroßes, braun-weißes Kraftpaket, zog mich durchs Gelände. Ich setzte mich auf einen Stein, wir sahen uns in die Augen – das war's. Eigentlich wollte ich wieder einen alten Hund, nicht zuletzt wegen meiner zunehmenden Kurzatmigkeit; auch die Zeit mit Plato war ja eine schöne Erfahrung.

Kira war sechs Jahre, hatte Terriertemperament und Bullterrieranteile ... Zwei Wochen lebten wir noch problemlos zu dritt. Anfangs schien es, als ob Platos Lebenswille durch Kira wieder etwas geweckt worden wäre. Aber das war nur ein Aufflackern. Wo Körper und Seele mit dem Abschied einverstanden sind, ist das Hinauszögern egoistisch. Da mir meine eigene Endlichkeit sehr bewusst ist, komme ich auch recht gut mit dem »gewollten« Ableben geliebter Lebewesen klar.

Kira ging tröstend und einfühlsam mit mir um, aber sie forderte mich auch und lenkte mich dadurch ab. Nun wurde sie zur alleinigen, unentbehrlichen, zuverlässigen Partnerin für mich. Sie vereint Platos Beschützerausstrahlung, Bertas Einfühlungsvermögen und das Verfressene einer Zuchtsau in sich.

Ich habe mich ganz bewusst für die Einsamkeit entschieden. Kira sorgt dafür, dass mir nicht langweilig wird. Sie ist eine selbstbewusste, körperlich starke, furchtlose, aber sehr sensible Hundedame mit eigenem Kopf. Ich muss sie schon von bestimmten Notwendigkeiten überzeugen, doch sie behält sich stets die Kontrolle vor.

Als nun nach vier Jahren trauter Zweisamkeit Grassy zu uns gestoßen wurde, war ihre Skepsis erst mal so groß wie ein preisgekrönter Kürbis. Dass der sich zur Tomate, zum Radieschen und schließlich zur Preiselbeere entwickelte, verdanke ich Kiras Empathie und ihrem Feingefühl. Das geht jetzt sogar so weit, dass sie dem Kleinen widerwillig und ein bisschen gönnerhaft meine Kniebeuge unter der Sofadecke überlässt.

Ändern ist nicht nur vom Wollen und Können abhängig, es muss vor allem notwendig sein.

Eben fragte mich jemand:
»Wieso haben Sie jetzt drei Hunde?«
»Weil ich von einem nicht satt werde!«

Klare Sache

Ich sehe Kira beim Stöckchen-Toben zu. Da kommt ein Paar. Der Mann: »Ich würde meinen Hund an die Leine nehmen.« Ich: »Warum?« Der Mann: »Weil das sonst gefährlich werden könnte.« Ich: »Für wen?« Der Mann: »Für uns.« Ich: »Wenn Sie Ihren Hund an die Leine nehmen würden, weil das für Sie gefährlich werden könnte, hätten Sie sich doch besser gar keinen Hund angeschafft.« Der Mann: »Ich hab doch gar keinen.« Ich: »Dann brauchen Sie ihn ja auch nicht an die Leine zu nehmen.«

Eine junge Frau stürzt auf uns zu: »Sie haben ja ein richtiges kleines Rudel! Darf ich die Hunde mal streicheln?«

Sie knuddelt einen nach dem anderen. Ich tue freundlich-teilnahmslos, bis es aus mir herausbricht: »Ich gehöre doch auch zum Rudel!!!«

Wer nie an sich zweifelt, hat es leicht, der kann sich das Nachdenken sparen.

Wir versuchen die Tiere
zu verstehen.
Die Tiere haben uns
längst verstanden:
Darum rennen die meisten weg.

Bank im Wald

Sie ist das Ziel. Nicht einfach bei meiner Kurzatmigkeit. Fast jeden Tag, bei jedem Wetter kämpfe ich mich den Berg hinauf. Muss oft stehen bleiben, mich nach vorn beugen, mit den Händen über den Knien den Oberkörper abstützen. Die Lunge verlangt mehr Luft, als sie aufnehmen kann. Und immer wieder gewinne ich den Kampf. Werde belohnt mit einem Siegesgefühl, dem schönen Ausblick über den kleinen Fachwerkort und der vielsagenden Stille.

In meiner Tasche ist ein Einkaufsbeutel aus Stoff, den lege ich unter mich, bevor ich mich setze. Kira hat Verständnis für meine Pausen. Für sie ist die Umgebung der Bank voller Überraschungen und ohne jede Einschränkung. Stöcke zerfetzen, Mäuse unter der Erde verfolgen, Gerüche lesen und deuten – alles kann sie hier ungestört.

Diese Hündin hat was Besonderes, sie hebt zum Pinkeln das linke Hinterbein. Nicht so hoch wie ein Rüde, aber immerhin. Das zu erwähnen, ist wichtig zum Verständnis des weiteren Verlaufs dieser Geschichte.

Manchmal, ganz selten, kommen Menschen vorbei. Das stört den Hund. Hier ist mein Platz und ihr Forschungsgelände.

Einmal – es lag hoher Schnee – standen zwei Leute vor der Bank, sahen auf den Ort hinunter. Ich schleppte mich gerade die letzten Meter. Kira wollte wohl verhindern, dass die Fremden die Bank für sich einnahmen, rannte vor und pinkelte fast auf die Schuhe eines der Menschen. Die waren pikiert und gingen schleunigst weiter.

Ein paar Wochen später erlebte ich eine ähnliche Situation: Da stand eine Frau, den rechten Fuß auf die Bank gestützt und schaute in die Ferne. Der Hund rannte wieder vor, ging halb unter die Beinbrücke, hob das linke Bein und pinkelte den menschlichen Brückenpfeiler an. Die Frau schrie: »Iiih, so was hab ich ja überhaupt noch nicht erlebt!« Sie ging entrüstet weiter. Ich rief ihr eine Entschuldigung hinterher.

Ein kluger Tierpsychologe hätte gesagt: Der Hund markiert sein Revier, legt seinen Anspruch fest. Als ich mich aber gesetzt hatte und den zierlichen Rauch der Zigarette in die Landschaft kräuseln ließ, sagten Kiras Augen: Bin nun mal ganz viel Kampfhund und kämpfe eben zeitgemäß.

Der größte Gewinn meines Alters ist: Ich muss nirgendwo mehr dazu gehören. Die Hunde reichen mir, ich ihnen anscheinend auch.

Nachdenken ist der Appetit,
Erkennen
die schmackhafte Speise.

Ist Kira doof?

Man könnte meinen, Kira sei doof, unbeherrscht, ohne Lo-
gik. Die sieht nichts anderes als den Stock in meiner Hand.
Tänzelt, springt, hüpft vor meinen Beinen herum, stolpert
über Grassy, stößt mit dem Hintern gegen einen Baum, ohne
Rücksicht, ohne Überlegung. Hole ich zum Wurf aus, ist sie
schon Meter entfernt, ohne zu wissen, wohin ich werfe.

Jetzt, nach viereinhalb Jahren, fällt mir auf, dass Kira immer den richtigen, den geworfenen Stock zurückbringt. Aber
der Wald ist voller Stöcke und sie hat nie gesehen, wohin ich
geworfen habe.

Nun wächst aus Staunen Nachdenklichkeit, gepaart mit einem unangenehmen Bauchgrummeln. Letzteres lässt auf ein
schlechtes Gewissen schließen. Und ich habe meine Sichtweise verändert: Kira will gar nicht sehen, wohin ich werfe. Sie
betrachtet jedes Suchen als Training ihres Hör- und Geruchs-
sinnes. Hat sie gehört, wo der Stock heruntergefallen ist, ist
die Aufgabe leicht. Ansonsten sucht sie ausdauernd, pedan-
tisch, erfolgreich mit der Nase.

Ich glaube, die Frage nach dem Doofsein muss sich anders stellen, vielleicht sogar anders beantworten.

Für viele Menschen ist die absolute Wahrheit das, was ihnen gerade in den Kopf kommt.

Kira

Bei Auseinandersetzungen muss es nicht unbedingt Gewinner und Verlierer geben, nur etwas Klügere, das reicht.

Notwendigkeit

Kira ist selbstbewusst und furchtlos. Trifft Entscheidungen, die ich erst im Nachhinein als richtig und ausgewogen erkenne. Rufe ich sie, folgt sie nur, wenn es auch notwendig ist. Wann das der Fall ist, weiß sie genau. Ich, der Vernunftbegabte, verliere wieder ein paar Federn aus meinem Selbstsichtgefieder.

Und kommt ein Kläffer uns entgegen, der uns anstänkert, lässt sie sich gern an die Leine nehmen. Zum einen kann sie uns aus der Nähe besser beschützen, zum anderen kennt sie ihre psychische Schmerzgrenze und weiß nicht, wie lange sie der Pöbelei widerstehen kann, ohne selbst auszuflippen.

Noch ein Beispiel: Wir sitzen auf dem Sofa. Kira links, hat den Kopf auf meinen Oberschenkel gelegt. Rechts im Sessel sitzt mein Freund. Wir haben eine Meinungsverschiedenheit. Meine Stimme wird schärfer, zischender. Kira kennt diese Zeichen und weiß genau, was in mir vorgeht: Wäre sie jetzt an der Stelle meines Freundes, wäre ihr sehr unwohl. Die Hündin steht auf, geht um mich herum, auf den Sessel zu.

Der steht dicht am Sofa. Bedächtig stellt sie beide Vorderfüße auf die Oberschenkel des Mannes und versucht tröstend sein Kinn zu lecken. Und mir gehen die Argumente aus.

Kira trifft ihre Entscheidungen aus Gewohnheit, Notwendigkeit oder Mitgefühl heraus. Wobei ihr, glaube ich, die aus Notwendigkeit und Mitgefühl lieber sind, denn das sind ihre eigenen, an denen hat kein Mensch herumgebastelt.

Gewohnheiten beschützen, geben Sicherheit. Hätten wir keine Gewohnheiten, hätten wir kein Zuhause. Wir wohnen in unseren GeWOHNheiten. Allerdings ist ein Ausbrechen aus Gewohnheiten mehr als ein Ortswechsel.

> Der Ehrlichkeit zu misstrauen,
> ist normal,
> weil Unehrlichkeit nicht
> anormal ist.

Der arme, wehrlose Kleine ...

Habe ich mich für einen alten, behinderten Hund entschieden, werde ich von Tierliebhabern bewundert, mit Kopfschütteln bedacht, als Vorbild angesehen ... Kurz: Ich stehe im Mittelpunkt. Aber das geht schnell vorbei, wird bald langweilig. Fühle ich mich dann mit diesem Tier nicht wirklich wohl, bereite ich ihm und mir ein unverdientes Dasein. Allerdings ist mir der Hund dann ausgeliefert.

Kira zeigt, wie's richtig geht: Wer alt und wehrlos ist, hat trotzdem ein Recht auf Erfahrungen, die geben doch dem Leben erst Fülle. Auch wenn Grassy unter Kiras Schutz steht, lässt sie sich nicht von ihm auf der Nase herumtanzen. Sie staucht ihn zurecht, ob's mir passt oder nicht. Und nur sie weiß, wie weit das zu gehen hat; ich habe mich da gefälligst rauszuhalten.

Gestern wurde den Hunden ein kleiner Hartgummiring geschenkt. Kira nahm ihn ins Maul, begutachtete ihn. Grassy kam dazu. Als die Schnauze des Kleinen kurz vor dem Ring war, hob Kira die Oberlippe und äußerte eine sogar für

Grassy hör- und sichtbare Warnung. Der hatte verstanden, zog sich zurück. Kira weiß ganz genau: Wenn es innerlich zwischen zwei Menschen oder Hunden stimmt, ändert eine harte Auseinandersetzung auch nichts daran. Die kann sogar die Bindung noch fester machen. Vor allem muss bei einem solchen Disput keiner als Sieger hervorgehen. Beide werden nur ein bisschen klüger.

Und der Kleine hat wieder eine erbauliche Lebenserfahrung gelernt: Ich bin weder wehrlos noch arm! Bin und bleibe der Chef von meinem Bauch und Kopf. Da kann Kira ruhig Chefin der Gummiringe sein.

Nur wer nichts erwartet, bekommt immer dort etwas, wo er nicht damit gerechnet hat. Nichts mehr vornehmen, erwarten, hoffen, und schon tritt ein, was ich vielleicht gewollt haben könnte.

> Vertrauen wächst wie
> Frieden,
> immer von
> innen nach außen.

Die andere Seite der Niederlagen

Auch Kira musste einiges einstecken. Unsere traute Zweisamkeit endete, als der Werktagszuwachs Blacky zu uns kam, und dann folgte auch noch dieser nervige, altersstarrsinnige Grassy.

Kiras Verantwortung wuchs. Das musste ihr niemand sagen, das sagten ihre Gene. Sie übernahm die Beschützer- und Aufsichtspflicht für die beiden Knaben, auf der anderen Seite durften diese keinesfalls an ihrer Autorität rütteln. Da musste sie hart durchgreifen und das tat sie.

Jede Veränderung bringt nun mal Unruhe ins Gefüge. Im Gleichgewicht Geglaubtes kann zur Achterbahn werden. Da knallen Gewohnheiten aufeinander wie Stiere im Kampf. Nur Stiere können diese Erschütterungen wegstecken, Grassy könnte das nicht.

Blacky bekommt zweimal am Tag Futter. Einmal morgens, wenn er gebracht wird, und einmal nachmittags, wenn alle etwas bekommen. Bevor ich Blacky morgens füttere, kriegen die beiden anderen ein Trosthäppchen. Ist der Schwarze dann fertig, öffne ich die Tür und Kira inspiziert den Futternapf, danach natürlich der Zwerg. Beide schleifen nochmals ihre Zungen übers Metall. Genüsslich. So, als würde ich einen Eisfruchtbecher mit Sahne leeren.

Heute Morgen passierte das Erstaunliche, Unerwartete, schier Sensationelle: Kira und Grassy leckten zur selben Zeit dieselbe Schüssel!!! Aus wahrgenommener Verantwortung kann also Einsicht wachsen. Und daraus wiederum Vertrauen und Toleranz.

Mensch, die Hunde zeigen's doch!

Der erste Schritt zu mehr Menschlichkeit wäre eine Schluckimpfung gegen Gefühlskälte.

> Ein gutes Gewissen
> bedeutet
> Frieden zwischen
> Kopf und Bauch.

Normal und anormal

Für viele Menschen wäre es wohl die grausamste Folter, sich selbst kennenlernen zu müssen. Um dieses Risiko nicht einzugehen, benutzen sie Verschleierungen, Angebereien, Lügen, Halbwahrheiten und Masken. So lösen sich Wahrheit und Gewissen auf und Gefühle werden zu Hartgummireifen. Das ist nicht traurig, das ist normal.

Dagegen sind Hunde anormal. Gut, die passen sich an, ordnen sich unter, wenn's sein muss. Aber das hat wohl mehr mit Rücksichtnahme und dem Prinzip »Der Klügere gibt nach« zu tun.

Grassy nimmt sich, wie er ist. Er findet sich außen und innen, körperlich und geistig voll in Ordnung. Darum kann er auch ehrlich sein, braucht kein Getrickse. Kann seine »Gebrechen« nutzen, um nicht mehr als nötig zu leiden. Ich glaube, er weiß, dass ich das weiß, und hält es für selbstverständlich, weil's die Wahrheit ist.

Mit Verstellungen und Scheinheiligkeiten brauchte ich weder Kira noch Grassy zu kommen. Die würden sich mir zuwenden und mit stolz erhobenem Kopf und ebensolcher Rute ließen sie ihre Augen sagen: Mach's wie wir. Ehrlich geht nur mit Gewissen und Gewissen zeigt sich, wenn zwischen Bauch und Kopf Frieden herrscht.

Auf dem unendlichen Weg zur Ehrlichkeit wurde ich intolerant gegenüber Lügen und Selbstbetrug. Bis ich beides bei mir wiederentdecken durfte.

Der Unterschied:
Tiere tun, was sie müssen;
Menschen, was sie können.

Ausraster

Wir leben sehr zurückgezogen. Bekommen nur selten Besuch. Lassen uns noch seltener allein. Den Hunden und mir ist das angenehm, wir genügen uns. Wird diese Genügsamkeit aber gestört, wächst Verdruss, der sich bei jedem anders zeigt.

Ich musste ganz kurz in die Stadt. Sonst brachte ich Kira immer zur Nachbarin. Diesmal nicht. Sie sollte mit Grassy allein bleiben. Auf der Straße wartete ein Auto. Schon beim Einsteigen hörte ich Kiras Getöse, ihr rasendes Knurren, dazu Geräusche, als ob sie die Wohnung umräumte. Ich stürzte zurück. Direkt hinter der Tür lag Grassy auf der Seite. Er rappelte sich auf. Schien unverletzt. Hatte Kira ihn zur Frustbewältigung benutzt? Nein, aber alles, was bewegliche Gemeinschaft symbolisierte, hatte dran glauben müssen. Kissen, Leinen, meine Umhängetasche lagen umher, Kira versteckte sich.

Ich machte eine Tatortrekonstruktion: Die Tasche lag da, wo Grassy gerade aufgestanden war. Kira hatte sie wutschnaubend hin und her geschleudert, und der Zwerg war da wohl in die Flugbahn geraten. Sollte der Kleine nun tatsächlich dement sein, hat das geschrumpfte Kurzzeitgedächtnis ihn davor bewahrt, Kira länger böse zu sein.

Ich nahm ihn unter den Arm, ließ Kira unbeachtet und ging zum Auto. Wenn uns Gefühle überwältigen, dachte ich, sind auch wir Menschen ihnen manchmal ganz schön ausgeliefert. Hunde, wesentlich sensibler, sind da oft hoffnungslos unterlegen.

Ich kann nicht zu jedem immer ehrlich sein, auch nicht zu mir selbst. Aber in dem Fall kann ich's mir sagen.

Auch ohne Abitur und
Hochschulstudium
ist es möglich,
im Leben richtig hinzusehen.

Inspiration

Ich sitze am Computer. Sehe in den bunten Herbst. Sehe ins Aquarium, lächle über den fett gefressenen Axolotl. Ich warte auf eine Eingebung, eine Idee, einen aufschreibenswerten Gedanken.

Grassy und Kira sind drüben im Wohnzimmer. Die Große schlummert im Sessel. Der Zwerg ist ärgerlich. Er kommt nicht aufs Sofa, schreit sein brüchiges Großvatergebell wie ein Agitator heraus, der nichts zu sagen hat.

Ich habe die Vorderseite des Sofas hochgeklappt, weil ich eigentlich Staubsaugen will. Noch lieber aber will ich einen Einfall (Staubsaugen kann jeder).

Plötzlich ist der Protest des Kleinen verstummt. Ich atme auf. Bin neugierig, warum der still ist.

Bisher war die Sitzfläche des Sessels für ihn ein unerklimmbarer Gipfel. Jetzt liegt er dort, an Kira geschmiegt, und sieht mich an, als erwarte er einen ehrfürchtigen Kniefall von mir. Und ich lerne: Inspiration ist nicht nur von meinem Kopf abhängig.

Auf einmal sind ganz klare Bilder vor mir, die schon sechzig Jahre zurück liegen. Wahrscheinlich haben die mich immer wieder inspiriert und mit Hundeliebe infiziert.

Jetzt kann ich sie aufschreiben.

Ich ärgere mich nicht mehr, etwas zu vergessen. Ich freue mich, an etwas gedacht zu haben.

> Wenn die Kindheit dunkel war,
> bekommen die hellen Stellen
> besondere Bedeutung.

Flocki

Ich wuchs zwischen verwahrlosten Eltern und pedantischen Großeltern auf. War ich bei den einen, wollte ich zu den anderen. So ging das immer hin und her.

Meist musste ich zu den Großeltern, kam dort auch in die Schule. Ich war von Anfang an kein guter Schüler, zerstreut, unaufmerksam, unkonzentriert. Eines Tages – es war Anfang der zweiten Klasse – stand ich an der Straßenecke, sah den Kindern beim Spielen zu.

»Warum darf ich nicht mitspielen?«

»Weil de doof bist!«

»Selber doof!«

Ich setzte mich auf den Bordstein und hörte, wie die Kinder tuschelten: »Der Krüppel guckt uns schon wieder zu.«

Ich sah mich um. Am Fenster hinter mir stand der Krüppel. Er hatte nur eine Hand. An der rechten, die er immer versteckte, waren fünf Warzen statt Finger. Das machte uns Angst und Ekel und ihn zum Krüppel. So hatten es die Erwachsenen gesagt.

Die Kinder gingen die Straße hinunter, bis der Krüppel sie nicht mehr sehen konnte. Ich blieb sitzen. Plötzlich hörte ich eine Männerstimme: »Willst du mit meinem Hund spazieren gehen? Ich hab noch so viel zu arbeiten.« Ich sprang auf und rief: »Ja!« Das durfte keiner, und keiner hatte hier einen Hund.

Mit erhobenen Kopf ging ich an den Kindern vorbei. Die riefen: »Krüppel-Freund, Brillenschlange, Krüppel-Freund!« Das ärgerte mich, aber Flockis gute Laune steckte an. Der hoppelte und zerrte an der Leine, freute sich, außer der Reihe spazierengehen zu dürften.

Von nun an hatte ich einen richtigen Freund. Bald wurde sogar die Leine überflüssig. Flocki hörte, blieb in meiner Nähe. Und andere Kinder konnten noch so viel rufen; der Hund tat, als verstünde er das gar nicht.

Inzwischen liegt ein ereignisreiches Leben hinter mir. Hunde sind stets tröstliche, zuverlässige Begleiter geblieben. Sie sagen in dunklen Stunden nicht, wie's besser geht, sind einfach mit allen Sinnen da. Was Menschen nicht geben konnten, schenkten mir die Tiere. Und noch viel mehr!

Flocki, 1957

Der »Krüppel« hieß im Übrigen Oskar Schönberg, war ein Schriftsteller, ein Lyriker. Er schrieb für mich zwei Gedichte. Die haben mich nie verlassen. Ich glaube auch, durch sie konnte ich schlechte Momente meines Lebens leichter ertragen, sie gaben mir den Blick auf Gutes. Sicher war es weniger der Inhalt der Gedichte, mehr die Tatsache, dass da ein Fremder war, der an mich glaubte und mir seine Zuneigung gab.

Jahrzehnte später wurde mir klar, dass ich weder dumm noch faul bin, obwohl ich in der Klasse immer ganz hinten saß. Ich habe eine Lese- und Rechtschreibschwäche. Nachdem ich das akzeptierte, verringerten sich die Beklemmungen und es wurden sogar Vorteile sichtbar. Ich konnte sagen: »Nein, Vorlesen tue ich nicht, kann das schlecht.« Außerdem war ich in der Lage, mir wichtige Dinge schnell und lange merken zu können, auch wenn ich sie nur einmal gehört hatte.

Später entstand in mir der Ehrgeiz, gute Bücher zu lesen und zu verstehen. Es wuchs eine tiefe, befriedigende Freude aus niedergeschriebenen Formulierungen, unabhängig von der Zustimmung der anderen. Daraus entwickelten sich Gedanken, Ideen, Eingebungen, die ich mir nie zugetraut hätte.

Und ich hege die leise Hoffnung, meinen Kindern durch mein Schreiben mehr als nur Materielles geben zu können. Vielleicht funktioniert's.

Was von mir an Gutem wirkt, entscheide nicht ich. Nur eins ist wichtig: Habe ich's aus Liebe getan, kann's was werden.

Erfahrungen sind
wie Laubbäume im Herbst;
obwohl sie so viel verlieren,
wachsen sie weiter.

Hoffnungsvoller Tod

Die Gedanken an Flocki, meinen ersten richtigen Freund, ließen Bilder meiner Enkel erwachen, die sie vor einiger Zeit ertragen mussten.

Der fünfjährige Junge hatte seine Freundin verloren. Solange er denken konnte, war sie immer da gewesen. Und nun ...

Eben noch saßen Mutti, Vati, sein jüngerer Bruder und er im Kreis auf dem Fußboden. Das Zimmer des Tierarztes war in Dämmerlicht getaucht. In Muttis Schoß lag die kleine, alte Hündin. Alle hatten eine Hand auf sie gelegt. Die Jungen gaben ihr ein Küsschen auf die Stirn.

Dann kam der Arzt und gab Josi sehr vorsichtig die Spritze. Ein zarter Seufzer, der wie Erleichterung klang, und die Kleine atmete nicht mehr.

»Jetzt ist Josis Seele im Himmel«, sagte Vati.

Alle weinten. Die erste Zeit auf der Heimfahrt war es sehr ruhig im Auto. Dann unterbrach der Junge die Stille.

»Bekommt Josi jetzt Flügel?«

»Bestimmt«, antwortete Mutti.

Noch ein Gedanke quälte den Jungen.

»Ob Josi uns überhaupt wiedererkennt, wenn wir in den Himmel kommen?«

Später, als er schon im Bett war, sagte er zu seinem Bruder und den Eltern: »Opa ist ja auch krank und alt. Der wird bald bei Josi sein. Dann kann er erst mal mit ihr spazieren gehen und sie vergisst uns auch nicht.«

Diese Fragen und Gedanken schienen alles etwas leichter zu machen.

Wenn es eine Krone der Schöpfung gibt, ist das garantiert nicht der Mensch! Die Krone der Schöpfung könnte bestenfalls das Leben sein.

Wirklich einsam bin ich erst,
wenn selbst die
Vergangenheit nichts mehr
mit mir zu tun haben will.

Frühlingsfluss

Bin weder glücklich noch leide ich,
das Leben fließt dahin.
Der sanfte Strom trägt Frieden in sich,
bitterer, süßer Gewinn.

Der Hund leckt die Hand, schmiegt sich an,
genau wie der Sonnenstrahl.
Flieder lockt lüstern, aber zahm,
duftiges Bienenlabsal.

Alles ist weder Glück noch Leid,
einfach erfreulicher Fluss:
Die aus der Zeit gefallene Zeit,
wo alles kann, aber nichts muss.

Heimat und Zuhause
ist für mich da,
wo sich meine Hunde
wohlfühlen.

Ein guter Tag

Wir liegen auf dem Sofa, weil ich mal wieder kraftlos bin. Grassys leises Schnarchen an meiner Seite beruhigt, erfreut, erleichtert irgendwie.

Kira liegt in meiner Kniebeuge und Blacky im Sessel. In mir ist alles gut. Wahrscheinlich geht es den Hunden ähnlich. Wir erfüllen unsere Bedürfnisse. Wäre es nicht so, würden sich die Tiere anders benehmen.

Der Wald schenkt bunte Geborgenheit. Es ist Herbst. Grassy durchpflügt hüfthohes Laub. Wie ein Kind, mit möglichst viel Geraschel. Kira zerrt armdicke Äste einen fast senkrechten Hang hoch und Blacky bellt den Takt dazu. Das Laub macht Geldscheingeräusche. Wir vier sind reich!!!

Jeden Nachmittag zur gleichen Zeit ist aufgeregtes Freuen: Raubtierfütterung! Grassy tanzt. Blacky springt. Kira rammelt alles um. Danach muss die Schüssel des jeweils anderen inspiziert werden.

Später gönnen wir uns wieder Sessel und Sofa. Ich mir manchmal auch meinen Computer. Blacky wird abgeholt.

Meine Oma hatte mir als kleines Kind eingebläut, nur auf der rechten Seite zu schlafen. Links sei gefährlich, da drücke man das Herz.

Nun bin ich schon lange Opa, habe diese Gewohnheit aber beibehalten. So kann Grassy nichts passieren, wenn er sich an meinen Rücken drängelt. Kira kuschelt sich an die Füße.

Das war wieder ein guter Tag.

Die Hunde nehmen mich und mein Schweigen an. Die wissen auch so, was ist.

Trotz der stimmungsaufhellenden
Medikamente
muss ich den Witz
immer noch verstehen.

Stimmungsaufheller

Heute ist ein grauer Tag. Als wäre dem Himmel das Blau ausgegangen. Grassy guckt mich trübe an, wartet auf seine Augentropfen. Ich komme mir vor wie ein Gefäß, übervoll mit saurem Traurigkeitssaft. Der Behälter lässt sich nicht leeren, scheint fest, unverrückbar.

Die Augen des kleinen Hundes sind klar, sie scheinen zu sagen: Ich springe jetzt in den Traurigkeitspott, dann läuft der über und du kannst dafür Frohsinn hineinlassen. Wenn das noch nicht reicht, schicken wir die dicke Kira hinterher, dann hat Trübsal gar keinen Platz mehr. Der Kleine ist klug.

Durch Kopf- oder Körperhaltung, Anschmiegen oder Anbellen, Hüpfen, wo's nichts zu hüpfen gibt, Knurren, wo's nichts zu knurren gibt, oder Kläffen, wo's nichts zu kläffen gibt, schaffen die beiden Hunde immer wieder meinen Ausstieg aus dem Mustopf des Selbstmitleids.

Wer sich ständig im Mustopf des Selbstmitleids aalt, kann nicht erfahren, dass es außerhalb auch süße Orte gibt.

Ich lasse mir nicht einreden,
unter meiner Einsamkeit
leiden zu müssen.

Verblüffung

Es gibt immer wieder etwas Neues, das erstaunt, belustigt, verblüfft.

Caro bringt ihren Blacky. Wir sitzen am Tisch, haben trotz der frühen Stunde gute Laune. Das Gespräch plätschert als Blödelbach dahin. Blacky sitzt zwischen meinen Knien, Kira an Caros Seite. Irgendeine komische Bemerkung von mir lässt Caro sagen: »Kira, beiß den mal!« Kira guckt von einem zum andern, zieht die Oberlippe hoch, zeigt deutlich die Zähne und kommt schwanzwedelnd auf mich zu.

Die Situation ist so skurril, als würde sie nicht wahr sein. Nun sind wir schon fast fünf Jahre zusammen, aber so etwas gab's noch nie. Wir versuchen es ein zweites Mal. Es klappt wieder. Das kann man nur mit gebrauchten Hunden erleben, Hunden, die eine Vergangenheit haben, die man nicht kennt.

Was mich zutiefst erfreut, ein helles, warmes Gefühl zeugt, kann bei anderen Ekel und Ablehnung hervorrufen, z.B. der seit Tagen erhoffte Stuhlgang meines Hundes.

Bist du zu tiefen Gefühlen
fähig, bist du wahrlich
kein Schwächling.
Aber du solltest schon wissen,
wo du sie zeigen darfst.

Ein nicht so guter Tag

Immer wieder, wenn Grassy seine kleinen Anzeichen von Desorientierung zeigt, habe ich den Eindruck, er sei auf eine sehr charmante Art dement. Aber das machte ihn für mich besonders lieb und lustig. Es ist weder für ihn noch mich ein Problem. Und Kira hat sowieso andere Maßstäbe.

Wir kamen vom Spaziergang. Der Herbst hatte wieder unanständig viel Laub in Grassys Beinkleider geflochten. Da ich den Staubsauger nicht täglich benutzen mag, begann ich die Pluderhosen des Kleinen zu zerschneiden. Der war nicht einverstanden, zappelte, aber es half nichts.

Auf diese Weise entkleidet, ging er verstört, fast eingeschnappt hinters Haus. Er hatte sich angewöhnt, ab und zu das Haus zu umwandern, konnte dabei Fuchs-, Waschbären- und Marderbotschaften lesen. Diesmal dachte ich, müsse er sich abreagieren, die Schmach seiner Entblößung verkraften. Ich gab ihm Zeit.

Grassy kam nicht zurück. Das war noch nie vorgekommen. Ich suchte in jeder Ecke, rief und wurde immer unruhiger.

Dann wanderte ich mit Kira nochmals die große Waldrunde ab. Nichts! Zum Essen würde er wohl wieder da sein, dachte ich mir. Er weiß ja, wann es was gibt.

Doch Grassy blieb verschwunden. Es wurde dunkel. Gedanklich hängte ich Suchmeldungen aus. Versprach Finderlohn. Da klingelte es. »Ich komme von der Feuerwehr. Vermissen Sie einen Hund?«

Aus dem Inneren des Autos hörte ich Grassys wütenden Protest. Nachdem wir die Formalitäten erledigt hatten, wurde die Tür geöffnet. Der Zwerg stand in einer Transportbox für Bernhardiner.

Hinter dem Rücken hatte ich meine Geldbörse bereit. Der Feuerwehrmensch sagte: »Sie bekommen noch eine Rechnung vom Ordnungsamt.« Ich steckte das Geld weg, bedankte mich und versprach Grassy, ihn nie wieder wegen einer Äußerlichkeit zu überrumpeln.

Nach einem Monat ohne Post vom Ordnungsamt bereute ich es, dem Feuerwehrmann die vorgesehenen 20.- Euro nicht gegeben zu haben.

Vielleicht habe ich gar nicht mehr erlebt als andere, vielleicht habe ich das Leid nur mehr gelitten, das Glück nur tiefer genossen und tue es noch.

> Eigenheiten, die mich am anderen
> besonders stören, haben meist
> etwas mit mir zu tun.

Hausbesichtigung

Der Bevollmächtigte unseres Hausbesitzers zeigt Interessenten eine Wohnung und hinterher den Garten. Dort führt mich Grassy gerade entlang. Ich gehe hinter ihm, damit er nicht auf Abwege kommt, Rufen oder Pfeifen wäre ja sinnlos.

An der Hintertür des Hauses begegnen wir der Besichtigungsdelegation. Da hüpft Grassy die drei Stufen zur Tür hoch und ist im Haus verschwunden. Ich weiß, jetzt will er wieder zum Treppenbezwinger werden. Irgendetwas treibt ihn in die oberen Stockwerke, obwohl wir ganz unten wohnen. Hat er Gefallen gefunden am Treppensteigen? Oder ist das wieder so ein unergründliches Rudiment aus seinem unbekannten Gestern?

Ich fange ihn im Flur ein und sage: »Du könntest Hausverwalter werden!« Von draußen höre ich ein gehässiges »Danke!« Bin verwirrt.

Nach Tagen höre ich, dass der Bevollmächtigte einigen Menschen erzählt hat, was für ein ungehobelter Klotz ich sei und dass ich keinen Anstand habe.

Als ich ihn wiedersehe, bitte ich ihn in meine Wohnung. Er sitzt vor mir, als befände er sich mit entblößtem Hinterteil auf einem Ameisenhaufen, und überhäuft mich mit Worten über sein schlimmes Leben.

Grassy kommt, bellt, das klingt mitleidig. Ich nehme den Kleinen auf den Schoß und erzähle ihm die Auswirkungen seines Treppenmanövers.

Ja, der Hund weiß genau, dass meine Worte ihm galten. Jetzt scheint der Bevollmächtigte noch verstörter. Er hat einen dringenden Termin und verschwindet.

Ich denke, Hunde tun, was sie müssen, Menschen auch. Aber Hunde können vertrauen, wenn's die Menschen verdienen. Und was wohl noch wichtiger ist: Hunde können Ehrlichkeit spüren.

> Altsein ist eben
> auch nur
> ein Teil
> vom Ganzen.

Zwischenbilanz

Nach sechs Monate Zusammensein erkennt wohl jeder: Grassy ist ein Gewinn! Eigentlich war ich immer mehr an großen, kräftigen Hunden interessiert, und dann kam dieser Zwerg. Vielleicht ist es im Alter möglich, neue An- und Einsichten zu gewinnen. Wie das entsteht, ahne ich nur, aber mein Gehirn hat mich schon oft überrascht. Da kommt sicher noch etwas.

Mein Tages- und Nachtrhythmus ist sehr festgelegt. Nicht durch Disziplin, eher durch die Erfahrung, die mich gelehrt hat, dass meine geistige Leistungsfähigkeit dadurch erhöht werden könnte. Wird dieser Rhythmus gestört, entsteht Unwohlsein, ein Durcheinander in Kopf und Körper.

Vorletzte Nacht ging es Grassy schlecht. Er lief hin und her, übergab sich, zuckte, als habe er Schmerzen. Ich bereitete ihm ein Lager vor meinem Bett, aber er wollte bei mir sein. Ich wachte die halbe Nacht und erinnerte mich an Zeiten, als unsere Kinder klein waren.

Die Nacht wurde zäh wie warmer Teer unter den Schuhsohlen. Gedanken an Arzt und sogar Tod wuselten durch meinen Kopf. Der Kleine zuckte und strampelte. Sein Körper und die sowieso trüben Augen zeigten seinen Schmerz deutlich. Jetzt fühlte ich erst, wie nah wir uns schon sind. Wie tief mir sein Leid ging. Wie ohnmächtig eine solche Nacht macht.

Die Gewissheit der folgenden, wahrscheinlich schweren Tage hatte keinen Platz. Dieser kleine Hund war ein Teil von mir geworden und ich wollte nicht, dass ein Teil von mir stirbt. Entweder alles oder nichts! Diese Erkenntnis hämmerte mir meinen tot geglaubten Egoismus in die Seele.

Grassy hat sich erholt. Während ich über ihn schreibe, liegt er unter dem Schreibtisch, hat sein Köpfchen auf meinen Fuß gelegt. Das ist so zart, kaum zu spüren, aber sehr angenehm. Da kann ich mir sogar den harten Drang nach einer Zigarette verkneifen; um sie zu holen, müsste ich nämlich aufstehen. Nein, ich genieße die Situation und stelle fest, der kleine Hund hat weder Hoffnungen noch Illusionen, der hat Kira und mich.

Die Worte Hoffnung und Illusion schickten meine Gedanken über vierzig Jahre zurück, öffneten eine Bühne, auf der ich sehr lange als Marionette ein jämmerliches Stück aufgeführt hatte. Vieles hat sich verändert seit der Zeit, nur eines ist geblieben: die Einsamkeit. Nur damals war sie grausam.

Ich kann mich über mein einfachstes Tun freuen, wenn ich's mir abgerungen, mich überwunden habe.

*Um mich wie ein
Gewinner zu fühlen,
war mir jedes
Sucht-Mittel recht.*

Dunkles Erinnern

Es war Mitte der 70er Jahre. Ich lebte mit zwei alles beherrschenden Partnern in einer festen, unzerbrechlich scheinenden Beziehung: mit Alkohol und das Denken und Fühlen verwirrenden Medikamenten. Die hatten mich voll im Griff. Menschen glaubte ich nicht zu brauchen, die verstanden sowieso nichts. Zuweilen glitt Selbstmitleid wie ein fetter, glibberiger Wurm durch mein Inneres. Warum war das Leben so schlecht zu mir?

Einmal wanderte ich nachts, gut abgefüllt, mit einer Flasche Fusel im Jackett durch das nahe gelegene, dunkle Krankenhausgelände. Da war ein Gebäude für Versuchstiere mit kleinen und großen Hunden. Die Gehege waren oben offen, aber sehr hoch. Für mich kein Problem. Ein entsprechender Alkoholkonsum macht alles leicht.

Plötzlich stand ich zwischen den Tieren, genoss deren liebkosende Freude. Es gab nie auch nur einen Ansatz von Aggression. Dann klemmte ich irgendeinen kleinen Kerl unter die Jacke und kletterte zurück. Der Hund wich mir die nächsten Tage oder Wochen nicht von der Seite, akzeptierte, was Menschen nicht akzeptierten konnten.

Wir schliefen, wo wir einschliefen. In Schuppen, einer Bank, im Abrisshaus ... Wurde ich mal wieder von der Polizei in die Psychiatrie oder Ausnüchterungszelle delegiert, kam der Kleine ins Tierheim. Konnte mein Kopf wieder halbwegs arbeiten, sagte der: War top, was de jemacht hast, kannst doch noch einen holen!

Und es entstand ein Gefühl, als wäre ich doch noch zu etwas nütze. Die Hoffnung auf ein Leben in Würde. Ich hab's erreicht! Es war ein langer Weg, Hart, kräftezehrend aber lohnend – und immer begleitet von vierbeinigen Helfern.

Nicht, was man gewollt hat, gibt gute Erinnerungen, sondern das zum Erträglichen Gewandelte an den schlechten Ereignissen ist es.

Hunde hinter Gittern

Die Rolle des
unverstandenen Einzelgängers
gefällt mir nicht, weil ich mich
durchaus verstehe und
die Hunde immer bei mir sind.

Geben und Nehmen

Am Ende meiner dunkelsten Zeit sagte einmal jemand, der es wissen musste: »Du verhältst dich wie ein Hund, der als Welpe immer verprügelt wurde. Rennst kritiklos überall hin, wo du glaubst, gestreichelt zu werden. Du gibst dich auf, nimmst dich ohne Grund zurück, redest anderen nach dem Mund, vertauschst deine Meinung …«

Gut, das war vor fast vierzig Jahren. Und warum muss ich gerade jetzt daran denken? Wahrscheinlich weil mir Grassy zeigt, wie weit ich gekommen bin.

Grassy nimmt sich, was er braucht, ist selbstbewusst. Er weiß, wenn er etwas nimmt, gibt er auch. Sucht er z.B. meine Nähe, kuschelt sich an, braucht er meine Anwesenheit und gibt dafür seine Wärme. Das ist dem Kleinen völlig klar. Ich muss lernen, Nehmen nicht als Einbahnstraße zu sehen. Jeder hat den Kopf zum Denken. Aber jeder hat auch seinen Lebensweg. Grassys scheint erfolgreicher gewesen zu sein.

Noch ein Beispiel: Das Füttern ist meine Pflicht und das immer wieder übermütige Rumgehopse und Gekläffe von ihm ist sein Dank, seine Gabe, die ich amüsiert und dankbar annehme. Der Kleine zeigt mir, dass ich schon lange kein geprügelter Hund mehr bin.

Eigentlich bin ich mit ihm auf Augenhöhe, was bei seiner Größe (k)ein Problem ist. Was der Zwerg kann und weiß, darüber musste ich über Jahre nachdenken, musste es lernen und ausprobieren. Die Natur ist eben doch Gott, also mehr als klug.

Inzwischen habe ich längst eine eigene Meinung, brauche niemandem mehr nach dem Mund zu reden und mit dem Selbstbewusstsein haut es auch ganz gut hin. Nur manchmal, wenn ich mich sehr kraftlos fühle, keimt noch so ein Trend zur Selbstaufgabe in mir.

Dann baut mich der Zwerg garantiert wieder auf und Kira gibt ihren Senf dazu.

Erst als mir klar wurde, dass meine Selbstsicht das Ergebnis meines Selbstbetruges war, konnte ich von Ehrlichkeit träumen ...

Solange ich noch wachse
(jeder neue Gedanke ist Wachstum)
und das Jetzt mit Würde ertrage,
gibt es keinen Grund zum Sterben,
außer der Tod sieht das anders.

Dialog

»In ein paar Wochen wird Grassy achtundneunzig Menschenjahre.«

»Also fünfzehn«, sagte Caro zerstreut.

»Nein, vierzehn! Nächstes Jahr feiern wir die fünfzehn ganz groß, falls ich noch da bin. Wenn nicht, musst du mit ihm anstoßen.«

»Ich nehme doch dann schon Kira.«

»Kira und Grassy sind ein Hund, sozusagen eine Einheit«, schmunzelte ich.

»Dann wird's bei mir zu Hause aber voll«, lachte Caro.

Ich fragte mich, weshalb dieses kleine Gespräch mich so wärmte und einen solchen Strom glücklicher Zuversicht in mir auslöste. Eine Antwort könnte sein: Weil sie so kommentarlos, selbstverständlich meine Endlichkeit akzeptiert.

Ein alter Mensch mit Hund lebt länger. Noch länger! Der kann seinen Hund doch nicht im Ungewissen lassen.

Wenn ich wüsste,
dass ich nachher sterben muss,
wäre ich sicher
voll Angst und Traurigkeit,
aber einverstanden.

Leben und Tod

Ich glaube, es ist gut, sich mit der Endlichkeit zu beschäftigen.
Kira hat noch Zeit. Grassy lebt nicht mehr lange. Ich auch
nicht. Das sind Tatsachen, die tatsächlicher nicht sein können. Was haben wir drei aber für ein Glück, dass wir jetzt,
hier, unter diesen Umständen leben, denke ich. Darum fülle
ich unseren Tag mit unseren Bedürfnissen.

Ein Hauptbedürfnis ist das Zusammensein. Das können
wir gut. Streicheln, kuscheln, anschmiegen ergeben sich im
Laufe des Tages automatisch. Auch mal den kleinen Hart-
gummiball zur Beute werden lassen. Manchmal befürchte
ich, dass Grassy sich dabei seinen Kiefer ausrenkt.

Die Sinne und den Körper stärken, gehört auch dazu. Kira
übt sich im Letzterem, wenn sie dem Stock hinterherjagt. Die
wird nicht müde.

Grassy hat nur noch ein einziges funktionstüchtiges Sinnesorgan: seine rosa-braune Igelnase. Er sucht im Herbstlaub
Futterstückchen und hat immer Erfolg.

So soll es bleiben.

Sitze ich am Schreibtisch, wird unser Zusammensein zuweilen problematisch. Kira quengelt so lange, bis sie an meinem Rücken sitzen darf. Dann kratzt Grassy an meinem Knie und will auf den Schoß. Beide sind zufrieden.

Mir hilft's beim Konzentrieren, aber das Schreiben macht Mühe. Nun ja, es gibt eben nichts vollkommen Gutes, wenn das Leben schön sein soll.

Sollte nun bei einem von uns der Tod vorbeischauen, haben wir uns ganz gehabt. Wir können den anderen zwar traurig, aber zufrieden gehen lassen, weil uns kein Versäumnis daran hindert.

Was ich mir nicht vorstellen kann, erscheint unwahrscheinlich. Andere sind da nicht anders. Denen muss meine zufriedene Einsamkeit einfach zweifelhaft sein.

Sehnsüchte, Träume, Hoffnungen
treten zurück, verneigen sich
vor der Wirklichkeit
und geben ihr den Vortritt.

Hoffnung

Das Licht der Hoffnung ist erloschen. Es ist weggeschlichen, als würde eine Lampe ganz langsam ausgehen. Die Hoffnung nahm Pläne, Ziele, Träume mit. Um so erstaunlicher ist es, dass keine Trübsal auftauchte.

Wir leben planvoll und das tut gut. Jede Notwendigkeit hat seine Zeit. Spaziergänge sind für mich oft eine Qual, Kira und Blacky toben, rennen, buddeln. Sie nehmen sich, was sie brauchen. Grassys Bewegungsdrang entspricht da mehr dem meinen. Wir sind uns nur uneinig, falls ich einmal von der gewohnten Route abweiche. Dann zerrt und zieht er in Richtung Regelmäßigkeit. Hat er verloren, zahlt er's mir heim. Seine Wandergeschwindigkeit erhöht sich ungeahnt, sogar rücksichtslos. Da ich ihn nicht schon wieder enttäuschen will, gehe ich an meine Grenzen. Das schadet weder ihm noch mir, wenn's bergab geht. Wir sind uns wieder einig.

Was brauchen wir da noch Hoffnungen, die sowieso ungewiss wären.

*Im Herbst des Lebens
ist der Frühling
anders.*

Arthrosetherapie

Albern zu sein, sei eines Greises unwürdig, so die gängige Meinung. Gibt es nicht ein altersgerechtes oder altersangemessenes Verhalten? Alte haben zu humpeln und nicht zu hüpfen. Als ob ein Greis durch Humpeln Würde erhalten würde!

Grassy springt mit allen Vieren gleichzeitig, lässt seinen Staubwedel am Hintern Propeller spielen und schmeißt sein Köpfchen nach hinten, als wolle er mich von oben ansehen. Nur das krächzend-heisere Bellen bleibt angestaubt.

Er tut, wonach ihm gerade zumute ist. Wenn er auf seine Art jubilieren kann und dabei die Arthrose weghüpft, macht er's eben. Seine Würde ist etwas ganz Eigenes; sie kommt aus ihm, hat wenig mit dem Alter zu tun. Er allein bestimmt, wie sie aussieht, was sie bedeutet. So macht mir der Kleine Mut, manchmal, wenn's Stimmung und Lunge zulassen, lockere Laufschritte und Kniebeugen zu machen. Egal, ob's wer sieht.

Die Meinung der Anderen ist mir nicht gleichgültig, aber sie haut mich auch nicht mehr um.

Würde ich ständig über
meine Kurzatmigkeit jammern,
könnte mir das Singen
der Amsel entgehen.

An solchen Tagen

Grassy geht es hin und wieder ziemlich schlecht. Mir auch.
Wir schleichen dahin. Ich ringe nach Luft, er nach Orientie-
rung. Beide nicht besonders erfolgreich.

Das sind klaglose, stille Tage. Klaglos, weil unter der Qual
die Zufriedenheit lauert. Sie ist da gewachsen wie ein behag-
licher Moosteppich, gut gedüngt von meinen anerkannten
Fehlern der Vergangenheit. Still, weil so viele Worte unnötig
sind und wir uns wortlos verstehen. Wir sind mit uns und mit
dem, was ist, zufrieden. Ich weiß das, die Hunde fühlen es.

Kira, das Wunder an Gesundheit, ist dann besonders rücksichtsvoll. Sie bleibt beim Spaziergang auf Sichtweite, erspart
anstrengendes Rufen. Grassy geht mir nicht von der Seite. Er
gibt sein übersteigertes Selbstwertgefühl auf. Das hab ich mir
von ihm abgeschaut. Es hilft.

*Eine Änderung wahrzunehmen, ist schwerer als das Ändern
selbst. Weil der Wahrnehmende seine Vorurteile erkennen
muss.*

Jeder, der seine Defizite ahnt,
jedoch nicht ertragen kann,
muss sich in ein
anderes Licht rücken.

Kleine Peinlichkeit

Regungslos steht Grassy auf der Wiese. Kaum merklich neigt sich sein Körper nach links. So behält er das Gleichgewicht, wenn er das rechte Hinterbein hebt.

Und wieder absolute Regungslosigkeit. Eigentlich müsste jetzt etwas passieren ... Aber er hat wohl vergessen, warum das Bein schwebt, und denkt nun: Was wollte ich doch gleich?

Wenn uns etwas Peinliches unterläuft, reagieren wir überaktiv, und Hunde sind auch nur Menschen. Als ob Grassy sich das vergessene Pinkeln nicht anmerken lassen will, besinnt er sich darauf, was danach dran wäre.

Er scharrt mit einer Intensität und Wichtigkeit, die den ganzen Körper erfasst und ihn vom Boden abheben lässt. Das funktioniert! Fast lässt seine zapplige Lebendigkeit sogar mich den Anlass vergessen und es ergibt sich die Frage, bei wem denn nun das Kurzzeitgedächtnis in Gefahr ist.

Gleich danach zeigt Grassy seine auffälligste, aber lustigste demente Anwandlung. Er hat scheinbar vergessen, dass er richtig alt ist, versetzt seinen Körper in eine Art angeberische

Schockstarre und lässt nur die kurzen Beine wie aufgezogen tippeln. Hier schließt sich der Peinlichkeitskreis, schmunzelt's in mir.

Ohne Achtung vor der Natur ist auch keine Menschlichkeit möglich.

Wer aus allem,
was jemand über sich erzählt,
ständig als der Gute hervorgeht,
ist sich nie nahe gekommen.

Nervensäge

Weil Grassy so eigensinnig ist, erfreut mich seine Zuwendung besonders. Sie ist nicht selbstverständlich. Er gibt sie, wenn ihm danach ist und ich nehme sie als Geschenk, Lob oder Auszeichnung.

Caro, Blacky und wir drei machen zusammen einen Ausflug. Es ist heiß; Grassy reicht's. Er bellt und zerrt an der Leine in die Richtung, in die er will. Er hat Ausdauer, ich auch.
Wir sitzen auf der Bank, sehen Blacky und Kira bei ihrem Treiben am Teichufer zu. Ab und zu stehe ich auf, werfe den Stock, so weit ich kann, ins Wasser. Kira schwimmt, Blacky möchte, traut sich aber nicht.
Grassy zerrt und bellt weiter, nein, der brüllt richtig! Seine Ausdauer hat sicher etwas mit seinem guten Gesundheitszustand zu tun Nur die Tonlage sagt noch etwas über sein Alter aus. Wieso der nicht einsieht, dass sein Bemühen erfolglos bleibt! Oder sieht er's als Erfolg an, uns auf die Nerven zu gehen?

Schließlich geben wir auf und gehen zurück zum Auto.

Zu Hause ignoriert mich der Kleine zunächst, doch das dauert nicht lange. Ich lege mich aufs Sofa. Kira ruckelt sich in meiner Kniebeuge zurecht. Der Zwerg hat schon beim dritten Anlauf die Liege erklommen. Er tippelt an meinem Rücken entlang.

Ich habe den Kopf auf die Hand gestützt, gucke fern. Er besteigt das Kissen und schiebt sein Köpfchen an der Stützhand vorbei an meine Wange. Und ich fühle mich geadelt, wie immer in solchen Situationen.

Sanftmut und Zärtlichkeit führen zu Verstehen und das kann, glaube ich, Liebe ersetzen.

Der Übergang
vom Affen zum Menschen,
das sind wir.
(Konrad Lorenz)
Mich erleichtert die Aussicht,
dass sich nach uns
Menschen entwickeln könnten.
Vielleicht wissen die, wie's geht.

Gottes Natur oder Gott ist Natur?

Wo Glauben und fanatische Überzeugung verschmelzen, können hingebungsvolle Liebe, aber auch bestialischer Hass, entstehen. Überzeugungen, die durchs Leben helfen und tragen sollen, müssen ehrlich, echt, unverwechselbar sein. In der Seele verankert, sozusagen. Wenn dazu noch tolerantes Mitgefühl kommt, ist Feindseligkeit kaum möglich.

Ich habe Jahrzehnte nach einem gütigen Gott gesucht, wollte, dass er in meine Seele einzieht, von da aus mein Denken und Tun beeinflusst, vielleicht sogar lenkt. Es gab nur sehr wenige Menschen, die mir ehrlich gläubig erschienen. Wenn etwas Gutes geschah, hatte das für mich immer etwas mit ihnen zu tun. Sie verhalfen mir zwar nicht zu ihrem Gott, aber wenigstens dazu, ein Gewissen aufzubauen, mich selbst zu erkennen und mich um Ehrlichkeit zu mir selbst zu bemühen.

Erst dieser kleine Hund, dessen Lebensende mit meinem so angenehm verflochten ist, machte mir bewusst, dass ich schon immer in und mit einem Gott lebe und durch ihn überhaupt erst existiere.

Was verbindet mich mit diesem Hund? Was hat er mit Gott zu tun? Ich habe nie etwas von einem Gott erwartet oder erbeten und doch bekam ich immer, was ich zum Leben und Überleben brauchte: Kraft, Geborgenheit, Trost, Liebe ohne Bedingung, auch in dunkelsten Situationen. Genau das macht mir Grassy täglich bewusst.

Der kleine Hund ist Natur, ein Teil von ihr. Ich auch. Da, wo Wissen und Wollen nichts mehr ausrichten konnten, leiteten mich Pflanzen, Sträucher, Tiere. Sie zeigten mir, wofür es sich zu leben lohnt.

Ja, die Natur ist mein Gott! Sie ist niemals zweideutig, denn alles Leben entsteht, um zu leben. Wird es vor der Zeit gelöscht, dann in der Regel nur, um anderes Leben zu erhalten, aber nicht, um zu beherrschen.

Die Natur beschützt mich nun bald sieben Jahrzehnte. War und ist für mich da, hat mich vorurteilsfrei angenommen, gibt meinem Leben Sinn und Inhalt. Lässt mich Menschen mögen oder meiden und Tiere und Pflanzen lieben. Sie ließ mich als Außenseiter Außenseiter achten und gab mir in allen Stunden Kraft durchzuhalten.

Dieser, mein Gott hat mich geleitet, gehalten und gab immer wieder den Mut zum Weiterleben. Und das ewige Leben ist auch keine Illusion. Weil nichts verloren geht, finden Moleküle meiner Überreste garantiert in irgendwelchen Organismen eine neue Heimat. Sollte ich ganz viel Glück haben, treffen Reste von Kira und Grassy und die meinen wieder zusammen.

Nach langem Suchen wurde die Natur mein Gott. Nun brauche ich nicht zu glauben. Nun weiß ich.

Fast jeder
neue Gedanke
ist eine
Überlegung wert.

Kicherndes Glück

Immer wieder kommt es vor, dass Grassy mir gegenüber gleichgültig, beinahe desinteressiert zu sein scheint. Besucher begrüßt er überschwänglich, mit pubertärem Ganzkörperwedeln, welpenhaftem Gehüpfe und krächzendem Gebell.

Nun müsste mich das eifersüchtig machen oder zumindest traurig, tut es aber nicht. Ich liebe den kleinen Kerl nach wie vor unermesslich. Freut der sich über andere, löst das in mir ein kicherndes Glücksgefühl aus.

Freundschaft ist grundlose Sympathie, plus gemeinsame Interessen. Aber auch Geben und Nehmen, ungewollt und ohne Berechnung und sich zueinander hingezogen fühlen, einfach nur so. All das erfüllen meine Hunde und ich ihnen gegenüber anscheinend auch. So schenkt die Freude des anderen Glück für uns alle.

Und dass mir altem Knaben nun auch noch so eine Menschenfreundschaft zustößt, ist, gelinde gesagt, der Hammer. Die hübsche, junge Caro kommt seit mehr als zwei Jahren zu mir; auch wenn sie ihren Blacky nicht bringt, besucht sie mich ab und zu. Wir schwatzen, trinken Tee, essen Kekse, schmusen mit den Hunden. Sie akzeptiert mich, wie ich bin, und umgekehrt ist das genauso.

Erzählt sie von sich, ihrer Arbeit, ihren Ansichten, ihrem Freund, löst das in mir ein kicherndes Glücksgefühl aus.

Wahrscheinlich kriegt doch jeder, was er verdient. Ich muss es nur bemerken.

Das gesamte Rudel

Wer zu meinen Hunden nett ist,
ist zu mir nett.
Auch wenn er's gar nicht so meint.

Liebeserklärung

Ihr seid mein Ein und Alles,
Bezugs- und auch Leitbild.
Seid mir im Fall des Falles
für's Leben Schirm und Schild.

Ich lerne von euch Gleichmut,
Geduld und Zuversicht
und Treue, die so gut tut,
beseh ich mich bei Licht.

Küsst ihr mir auch die Füße
und macht euch klein vor mir:
Auch so geht wahre Größe,
geliebtes Hundsgetier.

Sie: »Ich würde immer nur einen Hund nehmen, der zu mir passt.«
Ich: »Ich nicht. Ich kann mich leicht den Hunden anpassen.«

Wie man's auch sehen kann

Caro sagte neulich zu dem Zwerg: »Jetzt bin ich beleidigt, du hast mich heute nicht mal begrüßt.« Bisher hatte er jeden Morgen einen Breakdance zu ihrer Begrüßung hingelegt. Jetzt war es ein Langsamer Walzer, wenn überhaupt. Grassy ignorierte die Bemerkung, nahm majestätisch seinen Kissenthron ein und erwartete geduldig den Guten-Morgen-Keks.

In diesem Moment wusste ich es: Grassy hat sich entschieden, dass Caro nun auch endgültig zu uns gehört. Da braucht er sich nicht jedes Mal zu freuen, wenn sie kommt. Sie ist ihm jetzt genauso sicher, wie ich es für ihn bin. Er kann uneingeschränkt vertrauen. Das weiß sein Gefühl. Eine großartig zur Schau getragene Liebe lebt von Unsicherheit, will immer wieder aufs Neue erkämpft sein. Welche Energieverschwendung! Das haben wir nicht mehr nötig.

Den Breakdance kann sich der Kleine jetzt sparen und braucht ihn nur noch dann aufzuführen, wenn er außer der Reihe gestreichelt wird oder ein zusätzliches Leckerchen bekommen möchte.

Außerdem ist da ja so etwas wie Arbeitsteilung: Sich über die Maßen zu freuen, wobei auch mal Stühle und Kaffeetassen umfallen, kann er Kira überlassen. Die hat die Muskelpakete. Er kann sich jetzt das dezente, vornehme Energiesparmodell leisten.

Absolute Uneigennützigkeit gibt es gar nicht. Wer schenkt, bekommt dafür immer ein gutes Gefühl.

Jeder eingesehene Fehler im Denken und Tun
ist ein Gewinn.
Ich kann korrigieren und das ist Leistung,
aktive Leistung.

Auf gutem Weg

Was Freundschaft ist,
konnte ich mir immer vorstellen,
aber wie sie sich ausdrückt,
überzeugte selten.
Erst jetzt weiß ich,
welches Merkmal für mich
am wichtigsten ist.

Tief, echt und haltbar
ist sie erst dann,
wenn ich mich über den Erfolg,
über das Glück des Freundes
genauso wie über mein eigenes
oder gar mehr freuen kann.
Auch das hat mich der kleine Hund gelehrt!

Das Schweigen ist bei uns
der Normalzustand.
Darum sind meine Hunde
bei jedem Wort überrascht, erstaunt
und tun manchmal sogar, was ich will.

Verhundlichung

Hunde zu vermenschlichen, ist immer mal wieder ein Thema und wird schlecht angesehen. Wahrscheinlich, weil wir damit nur uns und nicht den Tieren gerecht werden. Das aber ist typisch Mensch: Wir bestimmen, was richtig und falsch ist, und wenn's daneben geht, finden wir Schuldige, weit weg von uns.

Kira und ich sind jetzt fast fünf Jahre zusammen. Die Zeit ist gehuscht. Je mehr ich meine Erwartungen, Hoffnungen oder Forderungen reduzierte, umso harmonischer wurde unser Zusammensein. Wobei das nicht ganz stimmt, denn harmonisch war es auch vorher, es fühlt sich jetzt nur leichter an, freier von Druck.

Auf der einen Seite gab die Hündin mir das Gefühl, Rudelführer zu sein, auf der anderen Seite brachte sie ganz sachte, heimlich, unauffällig ihre Vorstellungen ein und lenkte mich. Je mehr das gut ging, umso mehr lernte ich, ihr zu vertrauen. Bei Grassy haben sich die Dinge inzwischen fast ähnlich entwickelt.

Unmerklich passen sich meine Bedürfnisse immer mehr denen der Hunde an. Als wären sie es, die bestimmen, wie ich zu leben habe. Dass ich noch lebe, habe ich vielleicht auch ihnen zu verdanken. Bei meiner Kurzatmigkeit würde ich garantiert nicht regelmäßig spazieren gehen. Außerdem fallen mir, wenn Grassy wieder einmal langzeitschnüffelt, so manche kleine Blüte, manches Insekt oder auch wunderlich gewundene Wurzeln auf. Sollen sie mich also »verhundlichen«, das kann nicht schlecht sein!

Jedes Lebewesen entwickelt sich weiter, passt sich an. Nur der Mensch nicht, der passt sich die Lebewesen an oder rottet sie aus.

Ein klarer Blick
bei unklarer Sicht
lässt die Möglichkeit
auf andere und innere Sichten zu.

Vorleben

Bringt der »gebrauchte Hund« unangenehme Eigenheiten mit, sind das Dinge, die er zuvor leben durfte, die zweckdienlich waren. Deshalb sollte ich ihm dafür nicht böse sein. Der tut, wie auch Menschen, was er gewohnt und was gut für ihn ist.

Außerdem glaube ich, dass Hunde auch Vorurteile haben. Und wenn sich die mit einem unangenehmen Gefühl mischen, gibt es eben Aggression.

Bei Kira kam noch der Eigensinn dazu, der sich später oft als sinnvoll herausstellte, wie z. B. das Überreagieren beim Beschützen und ihr geräuschvolles Eingehen auf Pöbeleien. Da ich weiß, dass Hunde Gefühlswallungen erkennen, zeigte ich ihr, dass ich keine habe, wenn wir angepöbelt wurden. Ich sagte »Platz!«, hockte mich neben sie, ließ die Leine locker und der Rabauke durfte vorbeigehen. Kira konnte in Ruhe meine Gelassenheit spüren und das wiederum machte sie gelassen.

Grassy bekommt einen Klaps auf den Hintern, der nicht

mal einer Mücke das Bewusstsein trüben würde. Und der Zwerg ordnet das schon richtig ein. Sein Körper streckt sich; Kopf und Rute arrogant erhoben, tänzelt er mit wippenden Ohren davon. Das erinnert an einen Boxer auf dem Weg zum Ring.

Ansonsten sehe ich so gut wie keine Korrekturnotwendigkeit bei ihm. Der kleine Kerl hat mich noch nie aus der Reserve gelockt. Der lebt mir eben vor, wie Anpassen ohne Selbstaufgabe geht.

Ob das an seiner Reife, seinem Charme oder meinem Respekt vor dem Alter liegt? Wahrscheinlich ist es eine Mischung aus allen drei Komponenten …

Wer seine Fehler, Schwächen, Bosheiten genau betrachtet, um sie (vielleicht) zu verringern, verliert nie sein Gesicht, er bekommt erst dadurch ein eigenes, ein unverwechselbares, ein ganz besonderes.

Heute sind mir gewisse Fehler
von damals
wunderschöne, unverzichtbare
Erinnerungen.

Altersbedingtes Denken

Wir alten Knaben und Mädels haben die besten Voraussetzungen, mit einem alten Hund klarzukommen. Uns verbindet Lebenserfahrung, manchmal sogar Weisheit, unser geringer gewordener Bewegungsdrang, der geduldige Genuss des Müßiggangs, der Drang zu Gleichmäßigkeit und Regelmäßigkeit.

Grassy schmiegt sich gerne an mich an, obwohl ich meinen Körper kein bisschen anschmiegenswert finde. Der Hund erfüllt sich ein zärtliches Bedürfnis und lässt mich glauben, ich werde gemocht. Selbst in den dunkelsten Stunden ist sein Wesen erfrischend. Ich muss es nur sehen und spüren. Essen, Spaziergänge, Notdurft – alles hat genau seine Zeit. In diesem Gleichmaß haben auch kleine Ungezogenheiten Platz und die unangenehmen Seiten meiner Hunde bekommen einen hellen, fröhlichen Anstrich.

Wenn ich mich nicht mit jeder erstbesten Antwort zufriedengebe, meine Gefühle, mein Gewissen befragen lerne, muss ich nicht oberflächlich bleiben.

Seine erträglichen Schmerzen
klaglos zu ertragen, ist Stärke,
vielleicht sogar Würde.

Toll und kühn

Kurz vor Grassys vierzehntem Geburtstag hatte der Kleine Schwierigkeiten nach dem Aufstehen. Er blieb versonnen neben seinem Schlafplatz stehen, humpelte drei Schritte und gab mit gesenktem Kopf auf. Da morgens die Blase zu drücken pflegt, trug ich ihn in den Garten. Die Mehrzahl meiner Altersgenossen hat alle möglichen Krankheiten. Da muss sich ein kleiner Hund, der nach Menschenjahren fast hundert ist, nicht schämen.

Nachdem er Büsche, Gräser, Blumen und Nacktschnecken in Nasenschein genommen und eine zarte Tropfendusche unterm Hortensienstrauch genossen hatte, war alles wieder gut. Ganz ohne Jammern und Klagen kriegte er dann hin, was sein sollte und musste.

Inzwischen ist er vierzehn und wir sind eineinhalb Jahre zusammen. Es passt zu ihm, dass er mich zu seinem Ehrentag beschenkte: Grassy hat sich Blackys Sessel erobert.

Blacky ist heute nicht hier. Kira und ich liegen auf dem Sofa. Der Kleine ist hin und her gerissen. Er möchte seinen Sesselsieg auskosten, aber auch bei uns sein. Sehnsüchtig guckt er zu uns herüber.

Ich versuche keine Notiz von ihm zu nehmen, könnte ihn ja herüberheben. Aber was er alleine kann, soll er alleine tun. Solange es möglich ist.

Der Sessel steht einen halben Meter vom Sofa entfernt. Grassy müsste auf die Erde springen und dann aufs Sofa. Plötzlich steht er auf, tippelt zum Rand der Sitzfläche ... Und während ich noch denke: Halt, tu's nicht, kannst dir weh tun, und meine Reaktionen gelähmt sind, landet er mit einem grazilen, tollkühnen Sprung wohlbehalten an meiner Wade!!! Der Kleine hat die Kluft übersprungen wie eine Gazelle auf der Flucht vor einem Geparden.

Dieser gewaltige Sprung brachte ihn mir noch ein bisschen näher; falls das überhaupt geht. Er zeige seine altersunabhängige Risikobereitschaft. Noch etwas, das uns verbindet. Nur ich versuche solche Sprünge, bei denen ich nicht weiß, wo ich lande, eben nur geistig.

Ohne Risiko gibt es keine Überraschungen. Das macht das Leben interessant, abwechslungsreich und damit lebenswert. Ein paar Tage später kommt die Krönung. Blacky ist wieder bei uns. Grassy liegt auf dem Sofa, circa dreißig Zentimeter vom Sessel entfernt, auf dem der Schwarze ruht. Kira und ich sehen fern. Plötzlich ertönt ein wütend-ärgerlich-ängstlich-hysterisches Gebrüll.

Ich sehe nur noch aus dem Augenwinkel, wie der Kleine auf Blacky landet, brülle »Halt! Aus!«, springe auf und rette den Zwerg vor den gerechtfertigten Aggressionen des Großen. Der ist empört und knurrt noch eine Weile nach. Ich kichere und zittere zugleich. Nur Kira dreht sich gelassen zur Seite.

Grassy hat mir wohl in dementer Risikobereitschaft eine Freude machen wollen, erinnerte sich daran, wie sein erster Sprung auf mich wirkte, und hat vergessen, das Blacky Zähne hat, im Gegensatz zu ihm. Aber vielleicht wollte er auch nur weicher landen.

Ich würde so gern meinen Reichtum teilen. Genau darum schreibe ich.

Du zartes Pflänzchen
Einsamkeit,
bist knospig wohl bestückt.
Jedoch die Hecke
Selbstmitleid
hat's Blühen stets erstickt.

Die Treppe

Was ein Behinderter alleine kann, weiß ich, soll er alleine tun.
Auch die folgende Geschichte ist ein sehr gutes Beispiel.

Grassy war behindert, als er zu uns kam: Augen, Ohren, Psy-
che, Gewicht. Der Bauch war zu groß für die kurzen Beine.
Außerdem war er alt. Aber das ist nur dann eine Behinde-
rung, wenn ich's zulasse.

Die zehn verwitterten Steinstufen vor unserer Veranda sind
wohl der Hauptgrund für Grassys Auferstehung. Anfangs
war jede Stufe ein schwer errungener Sieg. Weiß nicht, wen
es mehr anstrengte, mich beim Zuschauen oder ihn beim Be-
zwingen. Der kleine Hund kämpfte, veränderte sich täglich,
wurde jünger und fröhlicher. Jetzt, mit fast fünfzehn Jahren,
nimmt er die Treppe mit federnder Leichtigkeit. Allerdings
hat er heimlich durch Erklimmen des Sofas trainiert.

Grassy hoppelt jeden Tag durch ein Spalier von Wacholder,
Klee, Lavendel, Tomaten, Pfefferminze, Gurken, Zitronen-
melisse, Erd- und Himbeerpflanzen. Die pflanzlichen Trep-

penbewohner tun das Gleiche wie der kleine Hund: Sie verändern sich täglich und das ist das erstaunlich Wunderbare. Es geht hier nicht um Ertrag, um Ernte, es geht ums Wachsen. Vor allem aber geht es darum, dass durch Zuwendung, Liebe und Aktivität aus Lebensverdruss Lebenslust werden kann. Grassys hüpfende Albernheiten beweisen das.

Am Ende eines jeden Weges ist ein Ziel, das lockt. Nur vorm Ende des Lebens schaudert's einem.

Grassy in seinem Element

Geistig behindert
bedeutet häufig
gefühlsmäßige Hochbegabung.

Alters(ein)sicht

Er kriegt's in' Griff,
dass nichts mehr läuft,
kein Zärtlichkeitsgetümmel.
Völlig erlahmt,
frisst nur und säuft,
ja, grau ist er, der Schimmel.

Der steht am Teich,
'ne Ente schwimmt,
es dunkelt ganz beträchtlich.
In ihm ist es,
als ob nichts ist,
Grauschimmel grau'n auch nächtlich.

Er kriegt's in' Griff,
dass nichts mehr bleibt,
nicht Kraft, nicht Glut, nicht Nähe.
Und denkt, während
das Entlein treibt:
Wie schön, dass ich es sehe.

Grassy liebt das Leben,
weil er außer von sich
auch von andern geliebt wird.

Bedrohte Art

Neulich sagte Caro zu mir: »Kira und du seid wie ein altes Ehepaar und dazu kommt jetzt noch dieser pubertierende Greis.«

Genauer hätte ich es auch nicht sagen können. Allerdings scheint mir unser Zusammensein harmonischer zu sein als bei einem Ehepaar.

Und Grassy als pubertierenden Greis darzustellen, hat etwas Bedenkenswertes. Ja, der testet ständig seine und meine Grenzen aus, ist nervig, macht oft das Gegenteil von dem, was er soll, und gibt mir immer das Gefühl, mich um ihn bemühen zu müssen.

Er fordert ununterbrochen Rücksicht, ist angeberisch und wehleidig, distanzlos Besuchern gegenüber und dann fast arrogant unnahbar zu mir. Zuweilen benimmt er sich wie ein Bernhardiner nach einer erfolgreichen Lawinenrettung.

All das zusammen und noch dazu sein nachlässiges Aussehen machen ihn für mich zu einer einmalig liebenswerten Persönlichkeit.

Nun weiß ich nicht, wie ich auf andere wirke, bin ja auch ein Greis. Wenn es ähnlich ist wie bei Grassy, wäre das ein verständlicher Grund für mein vieles Alleinsein. Um einen pubertären Greis zu mögen, bedarf es Zeit und Geduld. Aber diese beiden Eigenschaften stehen auf der Liste der vom Aussterben bedrohten Arten.

Es ist schwer, Menschen ernst zu nehmen, von denen man nicht ernst genommen wird. Aber nur so wird's menschlich und kann Veränderungen bringen.

Wer Klagen sät,
kann Gleichgültigkeit
ernten.

Risiko

Womit habe ich das verdient?

Es gibt wenig sinnlose Fragen. Das ist eine, weil sie keine Antwort will, nur irgendwie Mitleid. Die Antwort aber ist: Weil ich lebe, habe ich das verdient. Denn Leben ist Risiko. Wir aber sind Gefahrlosigkeit gewöhnt, ohne Wagnis, in alle Richtungen abgesichert. Haben's verinnerlicht. Begreifen Risiko als feindliche Bedrohung.

Der aber, der in den Tag lächelt und fragt: Womit habe ich das verdient, dass ich noch lebe?; der Käfer, Blumen, Moose bestaunt, im Trübsal die Tür zum Frohsinn sieht, weiß: Gegen Ebbe und Flut habe ich keine Chance.

Wer ständig glaubt, dass er nicht verstanden wird, sollte mal versuchen zu verstehen.

Wenn der Körper
nicht mehr so will
und das Gehirn manchmal
einer Müllkippe gleicht,
wird jeder schöne Gedanke,
jede verrückte Idee,
jede irre Beobachtung
zur lebenserhaltenden Maßnahme.

Gutes Leben

Vieles, was das Leben anderer lebenswert macht, habe ich nicht mehr: Familie, Sexualität, Gemeinschaft, Gesundheit, genug Geld. Aber mein kleiner Hund kuschelt sich an die Brust und der größere liegt in meiner Kniebeuge, wenn ich lese oder fernsehe.

Manchmal gibt dann der Kopf Gedanken frei, die unserem Zusammensein noch mehr Behaglichkeit geben. Und so kam die Gewissheit: Ich habe immer noch Lust zu leben, weil ich fast täglich ein klein bisschen mehr verstehe.

Diese Zufriedenheit lässt mich nicht mal im Unglück oder bei Traurigkeit unzufrieden sein.

Wichtiges,
was ich vor Jahrzehnten
sehnsüchtig erträumt habe,
kann ich heute leben.

Erfüllter Traum

Nicht jeder Traum erfüllt sich, nicht jede Sehnsucht kann wahr werden. Oder?

Ich wollte früher ein Vorbild sein. Meine Kinder sollten zu mir aufsehen, mich bewundern wegen meines Denkens und Tuns. Das hat bis jetzt nicht geklappt. Die Gründe sind vielschichtig. Sicher habe ich einiges dazu beigetragen.

Kürzlich erzählte Caro mir Folgendes: »Heute war ein Ehepaar bei mir. Die suchten einen jungen Hund. Aber sie sahen für einen jungen Hund einfach zu alt aus, viel zu alt. Und als ich sie daraufhin angesprochen habe, wurden sie unfreundlich und abweisend. Da habe ich den Leuten ausführlich von dir und Grassy erzählt. Sie hörten zu und waren plötzlich wie verwandelt. Das habe ich schon oft gemacht.«

Nicht jeder Traum wird erfüllt, und schon gar nicht so, wie man sich das vorstellt. Manchmal aber anders.

> Das Innere spricht leise
> die Sprache unseres Bauchgefühls.
> Darum sollten wir
> den Dialekt des Bauches lernen.

War's das?

Wir sind auf die Welt gekommen, um mit dem Leben fertig zu werden. Eltern, Erzieher, Lehrer, Ausbilder, Freunde und Bekannte tragen dazu bei. Das läuft automatisch, selbstverständlich, mehr oder weniger geregelt ab. Wir nehmen auf, werden geprägt, häufen Wissen und Erfahrungen an.

Wenn alles gut geht, sind wir bald wohlhabend und schicken ein Menschlein auf die Welt. Dem geben wir beste Erziehung und Bildung, damit es genau wie wir mit dem Leben fertig wird. Am Ende aber sitzen wir zuweilen da und denken traurig: Das soll alles gewesen sein?

Es beginnt ein Stöbern, Rennen, Forschen, Probieren, Kaufen, Reisen ... Selbst das Sterben ist noch von suchender Hektik erfüllt: Das soll alles gewesen sein?

Kaum einem fällt auf, dass wir immer nur »gefüttert« wurden, dass selbst die seltsame Selbstverwirklichung aus Vorgaben entstand. Wir haben aufgenommen und weiter entwickelt, im besten Fall. Aber etwas Eigenes, aus uns Kommendes, unserer Seele Entsprungenes war nie dabei.

Was von außen kam, war stets und ständig so viel, da konnte Inneres gar nicht wahrgenommen werden. Das fehlt dann und berechtigt zu der Frage: Das soll alles gewesen sein?

Ich glaube, meine innere Ruhe ist das Ergebnis, etwas aus mir Kommendes gefunden zu haben.

Das Gute ist, selbst der Gehörlose kann die Sprache des Bauches hören.

Weil ich alt bin,
darf ich mich
wie eine Kuh benehmen:
Bequem hinlegen
und die Vergangenheit
genüsslich wiederkäuen.

Gedanken zum Ende

Ich bin altersarm, wie es so trefflich heißt. In doppelter Hinsicht: Menschen und Geld. Aber ich habe zwei Hunde, ein Aquarium, zweiundzwanzig Pflanzen und eine Vergangenheit. Vor der Tür Wald und Gärten und wenn ich nach oben sehe, segelt da fast täglich der Milan. Dessen flügelschlagloses Treibenlassen hat etwas Vorbildhaftes.

Die Hunde geben und nehmen, was wir brauchen: Zärtlichkeit und Bewegung. Sie zeigen die interessanten Dinge der Jahreszeiten und beweisen, dass mich meine Menschenarmut nicht traurig macht.

Auf der Treppe stehen einige Blumentöpfe mit Gesträuch. Wenn ich Glück habe und lange genug schaue, sehe ich, wie sich Ameisen an den Blattläusen vergehen. Sogenannte Unkräuter haben sich aus Ritzen gequält, eine bestaunenswerte Leistung. Das kräftige Grün setzt sich distanziert, fast wie absichtlich vom Schwarzgrau des alten, nassen Sandsteins ab. Dieses Bild braucht keinen Rahmen.

Nach einem warmen Sommerregen ziehen die Nacktschnecken ihre silbern-schleimige Bahn. Die funkelnde Wasserperle im Zentrum des entstehenden Lupinenblatts zeigt sich schillernd und rein, wie's nur die Natur kann. Mein schmerzender Rücken krümmt sich von alleine, weil die erstaunlich kleinen, freundlichen Gesichter der wilden Stiefmütterchen mich anziehen. Deren Horizont ist so beschränkt und hat trotzdem solch eine Ausstrahlung! Oder gerade deshalb?

Die Vergangenheit habe ich in fruchtbares Land verwandelt. Das ist gut; ich möchte nicht noch mal zwanzig sein.

Ich habe mir die Einsamkeit nicht ausgesucht. Sie ist gewachsen wie ein Pflänzchen. Und so wie Pflanzen durch Mist stark und fruchtbar werden, nährte sich meine Einsamkeit von den Ausscheidungen der Vergangenheit. Kräftiger Dünger zeugt kräftige, lebenstüchtige Pflanzen. Die Vergangenheit erklärt mir so manche Unebenheit des Lebens und nicht zuletzt meine Gedanken, Einfälle, Ideen, die ich mir nie zugetraut habe.

Nein, diese Einsamkeit ist nichts Schlimmes. Meine Einsamkeit wurde fruchtbar. Die Frucht heißt Zufriedenheit.

Ich glaube allerdings, zufrieden einsam konnte ich nur werden, weil ich nie alleine war. Jeder braucht irgendeine Gemeinschaft, sei es mit Pflanzen, Tieren, Büchern, Göttern oder anderem, vielleicht auch nur mit seiner eigenen Fantasie. Diese Gemeinschaft muss nur befriedigend sein und die eigenen Bedürfnisse erfüllen.

Mein Leben lang wollte ich etwas Seltenes, ganz Besonderes können. Jetzt weiß ich, was es ist: zufrieden einsam sein!

Impressum

Bibliografische Information der Deutschen Nationalbibliothek
Die Deutsche Nationalbibliothek verzeichnet diese Publikation
in der Deutschen Nationalbibliografie; detaillierte bibliografische
Daten sind im Internet über http://dnb.d-nb.de abrufbar.
1. Auflage Oktober 2017, © Mariposa Verlag U. Strüwer
Drakestraße 8a, 12205 Berlin, Tel.: 030 2157493
info@mariposa-verlag.de, alle Rechte vorbehalten
Fotos: Jürgen Engelmann, Blankenburg, und Stephan Engelmann,
Quedlinburg, Carolin Möhring, Quedlinburg
Druck und Verarbeitung: SDL Buchdruck Berlin
ISBN 978-3-946424-10-9 (Printbuch)
EPUP 978-3-946424-11-6
MOBI 978-3-946424-12-3
Mehr Informationen über den Verlag und sein Programm finden
Sie unter **www.mariposa-verlag.de.**
Gern schicken wir interessierten Lesern auch das gedruckte Ge-
samtverzeichnis zu. Bitte melden Sie sich einfach bei uns.

Ursula Strüwer, Mariposa Verlag